湖北省教育厅人文社会科学研究青年项目（项目编号：15Q237）结题成果
黄冈师范学院科研重点项目（项目编号：2015013003）结题成果

承蒙黄冈师范学院汉语言文学重点学科资助

创新与应用语言学丛书

建始方言基本词汇与文化

蒋静 著

图书在版编目(CIP)数据

建始方言基本词汇与文化/蒋静著. —武汉:武汉大学出版社,2016.12

创新与应用语言学丛书

ISBN 978-7-307-19000-9

Ⅰ.建… Ⅱ.蒋… Ⅲ.西南官话—方言研究—建始县 Ⅳ.H172.3

中国版本图书馆 CIP 数据核字(2016)第 324014 号

责任编辑:白绍华　　责任校对:李孟潇　　版式设计:马　佳

出版发行:**武汉大学出版社**　(430072　武昌　珞珈山)

(电子邮件:cbs22@whu.edu.cn　网址:www.wdp.com.cn)

印刷:虎彩印艺股份有限公司

开本:720×1000　1/16　印张:15.75　字数:227 千字　插页:1

版次:2016 年 12 月第 1 版　2016 年 12 月第 1 次印刷

ISBN 978-7-307-19000-9　定价:79.00 元

目　　录

第一章　建始概况………………………………………………………… 1
第二章　建始方言词汇分类表…………………………………………… 4
第三章　建始方言词语例释 ………………………………………… 57
第四章　建始方言中的俗成语……………………………………… 171
第五章　建始方言中的谚语………………………………………… 180
第六章　建始方言中的歇后语……………………………………… 192
第七章　建始方言中的惯用语及歌乐句…………………………… 198
第八章　建始方言中“消失”的词语 ……………………………… 209
参考文献……………………………………………………………… 217
附：湖北建始(城关)方言词汇重叠式 …………………………… 219
　　湖北建始方言词汇拾零………………………………………… 228
　　湖北建始方言词汇中的文化特征……………………………… 235
　　湖北建始方言中“哪门”的语用分析 ………………………… 243

第一章　建始概况

建始县位于湖北西南山区北部，是恩施八县市之一，古属巴子国，三国吴景帝孙休永安三年(260)置县，迄今已有1700多年的历史。今隶属恩施土家族苗族自治州，临近长江干流，长江支流清江穿境而过，东连巴东县，以野三河为界；西接恩施市，以太阳河为界；南邻鹤峰县，以长河、茶寮河为界；北与重庆市巫山县毗连；西北与重庆市奉节、巫山两县接壤，是土家族、苗族、汉族等多个民族聚居的县域。2005年建始县辖长梁、茅田、龙坪、三里、花坪5个乡和业州、红岩、高坪、景阳、官店5个镇。本书“建始方言”中的“建始”专指县城业州镇。

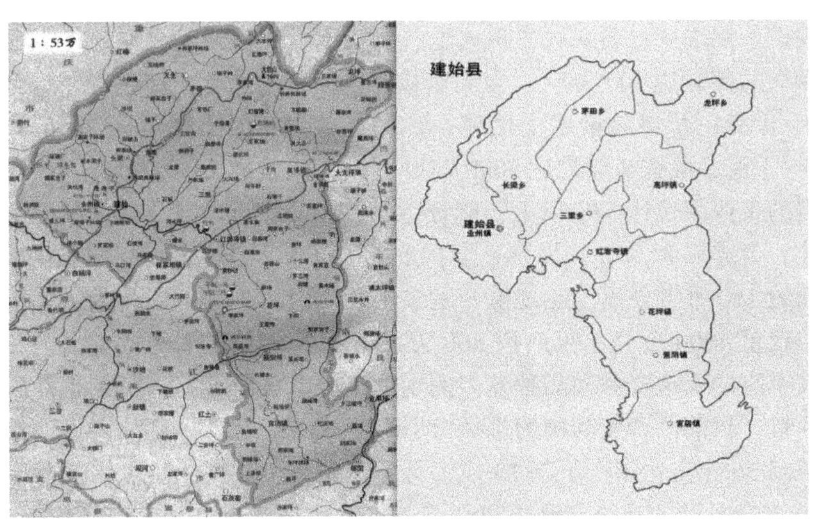

图1-1　湖北省建始县行政区划地图

业州镇位于建始县西北部，是建始县委、县政府机关所在地，是全县的政治、经济、文化中心。该镇西北与重庆市辖的巫山县、奉节县接壤，西南与恩施市为邻，东同本县长梁、三里二乡相通，全镇国土面积 363 平方千米。常住人口 104839 人(2010 年第六次人口普查)。

根据《建始县志》记载，训导周鹍化曾作“三里板桥七里坪，烟墩山下业州城。居人爱饮茨河水，只有西门水独清”一诗，业州镇由此得名。1949 年为城关镇。1958 年 9 月为朝阳公社。1961 年 5 月为城关镇。1975 年 3 月撤区并社，仍为城关镇(区级)。1984 年 8 月改业州镇。1996 年，面积 11 平方千米，人口 2.9 万人，辖菜园子、余家坝、二道桥、黄家湾 4 个行政村和东南街、西街、北街、朝阳街 4 个居委会。

业州镇境内属较典型的亚热带季风气候，四季分明，雨量充沛。境内太平峰最高海拔为 2090.1 米，城区最低海拔为 410 米，年降雨量主要集中在 6~8 月份，年平均降雨量约 1400~1450 毫米，年均气温 15.3℃。无霜期约 260 天，适合多种经济作物生长。

业州镇内自然资源极为丰富，矿产资源主要有铁矿、煤矿、硫铁矿、铝土矿、石灰石、耐火土、陶瓷土、生物大理石等。其中无烟煤的储量达 300 万吨，含固定碳 70%，发热量达 5000~7500 千卡/千克；石煤储量达 1 亿吨，含固定碳 30%，出热量为 2456 千卡/千克；硫铁矿储量达 5000 吨以上，含矿量达 15%~25%，石灰岩的工业品位达 53%以上，储量达 4241.1 万吨，硅矿储量约 60 万吨，含硅量为 98%；另外，境内有罕见的富硒地带，硒资源出露面约 150 平方公里。已规模开发多年的“稀世宝矿泉水”畅销全国，年销量 4000 余吨，年产值 800 万元，成为建始的骨干企业之一。其丰富的土地资源和品种繁多的生物资源蕴藏着巨大的发展潜力和商机。目前已开发利用的包括“两烟”5000 亩，年均产量 1.2 万担；茶园 5654 亩，年产干茶 70 吨，可生产龙井、玉峰、玉露、炒青等 10 多个品种的高级富硒茶和红茶；高效经济林 5000 亩；药用植物 1000 多种；野生菌类 40 多种等。同时，镇内水能资源极为丰富，水能蕴藏量达 3.81 万千瓦，全部可开发利用。

业州镇系少数民族聚居地，早在原始社会末期，境内就有人类活动。除汉族外，还居住着土家族、苗族、回族、蒙古族、满族、壮族、彝族、侗族、藏族、维吾尔族、朝鲜族、白族、畲族、黎族等 14 个少数民族，少数民族人口 23837 人，占全镇总人口的 22%。全镇各族人民世代共居，和睦相处。但当地土家语、苗语及其他少数民族语言早已消亡。现全部转用汉语，均使用西南官话。与普通话相比，声母无鼻音[n]，只有边音[l]，平舌[ts]、[tsh]、[s]与翘舌[tʂ]、[tʂh]、[ʂ]混读，韵母只有[an]、[aŋ]、[ən]、[in]，没有[əŋ]、[iŋ]；[in]与[ian]不分；声调四个调类，古入声全部转为阳平。

表 1-1　　**建始方言与普通话调类调值比较表**

调类	阴平	阳平	上声	去声
普通话调值	55	35	214	51
建始话(业州镇)调值	45	11	53	35
例字	诗、梯	时、题	使、体	事、弟

建始方言因受着自然生态环境与历史文化演变的影响，在语音、词汇、语法上与普通话同中有异，语法方面则与普通话几无差别。本书主要记录建始方言基本词汇及其独有的文化特征，探讨社会变化对语言及文化的影响，以及语言与民俗的关系。

第二章　建始方言词汇分类表

凡　　例

1. 本表根据教育部语言文字信息管理司及中国语言资源保护研究中心发布的《中国语言资源调查手册·汉语方言》(2015 年 7 月第 1 版) 词汇部分调查整理而成，共包括：天文地理；时间方位；植物；动物；房舍器具；服饰饮食；身体医疗；婚丧信仰；人品称谓；农工商文；动作行为；性质状态；数量；代副介连词。共计 14 个大项，35 个小项，1200 个词语。

2. 每条目先列出建始方言的说法，然后用国际音标标注建始读音，如有两种不同的读音，两种读音同时标注，中间用斜线隔开。

例如：建始方言“明年”：min^{11}lien^{11}tsɿ^{53}/ mən^{11}lien^{11}tsɿ^{53}。

3. 零声母一律用零声母符号“ø”表示，例如：普通话“乌鸦”：øu^{45}øia^{45}。

4. 送气符号用“h”。

例如：普通话“怕”：pha^{51}。

5. 调值一律用数字表示，轻声调值标作“0”。

6. 音节与音节之间一律连写，不空格不加分隔符号。

例如：普通话“下雨”：ɕia^{51}øy^{215}。

7. 一个词形有几个不同的意义，有时可以把几个意义同时列出，以减少词目分见。如：

默 me^{35}　①考虑、估量　②默记

苕 ʂau^{11}　①红薯　②傻　③傻子

8. 如果建始方言与普通话没有不同，一般不作解释。如：月亮。

9. 本字不明的采取同音字代替或者用“□”表示。

一、天 文 地 理

(一)天文

太阳[thai^{35}øiaŋ^{11}]：指太阳实体。

太阳长毛[thai^{35}øiaŋ^{11}tʂan^{53}mau^{11}]：日晕。

月亮[øye^{35}liaŋ^{35}]：指月亮实体。

月亮长毛[øye^{35}liaŋ^{35}tʂan^{53}mau^{11}]：指月晕。

星星[ɕin^{45}ɕin^{45}]：指星星实体。

扫把星[sau^{35}pa^{53}ɕin^{45}]：彗星。

云[øyn^{11}]：泛指各种云。

风[fon^{45}]：泛指各种风。

台风[thai^{11}fon^{45}]：文读，建始为山区，与台风没有很直接的关系。

扯闪[tʂhe^{53}ʂan^{53}]：指闪电。

金钩闪[tɕin^{45}kəu^{45}ʂan^{53}]：特别耀眼的闪电。

打雷[ta^{53}lei^{11}]：仅指雷鸣。

雨[øy^{53}]：泛指各种各时各地的雨。

麻麻儿雨[ma^{11}mɚ^{11}øy^{53}]：毛毛雨。

下雨哒[ɕia^{35}øy^{53}ta^{0}]：下雨了。

欻[tʂhua^{11}]：淋雨淋水。

晒[ʂai^{35}]：晒太阳的动作。

雪[ɕye^{11}]：雪的统称。

冰[pin^{45}]：冰的统称。

凌[lin^{35}]：极寒天气里挂在屋檐下或窗户上的雪条。

凌杆儿[lin^{35}kɚ^{45}]：极寒天气里冻成的坚硬的雪条。

化凌[xua^{35}lin^{35}]：天气转暖，雪条逐渐融化，天气进一步寒冷。

雾[øu^{35}]：雾的统称。

霜[ʂuan]：霜的统称。

雷[lei^{11}]

露[lu^{35}]：露的统称。

杆[kan^{35}]：彩虹。

天狗吃日[thin^{45}kəu^{53}tʂhʅ^{45}ʐʅ^{35}]：日食。

天狗吃月[thin^{45}kəu^{53}tʂhʅ^{45}øye^{35}]：月食。

天道[thin^{45}tau^{45}]：①天气　②某一天的某一时段　③年岁、年成。

天道好[thin^{45}tau^{45}xau^{53}]：天气好，一般指晴天或年岁、年成好。

天道热[thin^{45}tau^{45}ʐe^{35}]：天气热。

天道冷[thin^{45}tau^{45}lən^{53}]：天气冷。

进伏[tɕin^{35}fu^{11}]：入伏。

脱伏[tho^{11}fu^{11}]：出伏。

进九[tɕin^{35}tɕiəu^{53}]

出九[tʂhu^{11}tɕiəu^{53}]

晴[tɕhin^{11}]：天气晴朗。

阴[øin^{45}]：没有太阳，阴天。

干[kan^{45}]：干旱。

淹[øan^{45}]：内涝。

天亮哒[thin^{45}liaŋ^{35}ta^{0}]：天亮。

(二)地貌

水田[ʂuei^{53}thin^{11}]：种水稻的土地。

田[thin^{11}]：耕种的土地一律叫“田”。

坡田[pho^{45}thin^{11}]：山中腰的用来耕种的田。

沙田[ʂa^{45}thin^{11}]：土质疏松的土地。

菜园子[tsai^{35}øyn^{11}tsɿ^{53}]：专门用来种菜的土地。

田坎[thin^{11}khan^{53}]：田埂。

山[ʂan^{45}]：山的统称。

老高山[lau^{53}kau^{45}ʂan^{45}]：海拔 1200 米以上的山区，建始县域境内较少。

二高山[øɚ^{35}kau^{45}ʂan^{45}]：海拔 800 米到 1200 米的山区，建始县域境内不多。

低山[ti^{45}ʂan^{45}]：海拔 800 米以下的山区，建始县域境内最多。

山窝窝儿[ʂa^{45}øuo^{45}øuɚ^{0}]：山谷。

大河[ta^{35}xo^{11}]：江。

小河[ɕiau^{53}xo^{11}]：溪。

水沟沟儿[ʂuei^{53}kəu^{45}kɚ^{45}]：小水沟。

湖[xu^{11}]：湖的统称。

堰塘[øien^{35}than^{45}]：池塘。

水氿氿儿[ʂuei^{53}khən^{45}khɚ^{45}]：地面上有水的小洼儿。

涨大水[tʂan^{53}tha^{35}ʂuei^{53}]：洪水。

水消哒[ʂuei^{53}ɕiau^{45}ta^{0}]：水势回落，与涨水相对。

淹[an^{45}]：水淹的动作。

河边上[xo^{11}pien^{45}ʂan^{0}]：河岸。

坝[pa^{35}]：①小块平地　②场地　③拦水的建筑。

水坝[ʂuei^{53}pa^{35}]：拦河修筑拦水的坝。

地震[ti^{35}tʂən^{53}]：地理术语。

眼眼儿[øin^{53}oiɚ^{11}]：小窟窿。

缝缝儿[fon^{35}fɚ^{45}]：缝儿的统称。

(三)物象

石头[ʂʅ^{11}təu^{11}]：石头的统称。

顽光石[øuan^{11}kuan^{35}ʂʅ^{11}]：体积较大的、外表光滑的大石头。

油光石[øiəu^{11}kuan^{45}ʂʅ^{11}]：指卵石。

土[thu^{53}]：土的总称。

泥巴[li^{11}pa^{45}]：湿泥。

洋石灰[øiaŋ^{11}ʂʅ^{11}xuei^{45}]：水泥。

细沙[ɕi^{35}ʂa^{45}]：沙子。

砖砣砣[tʂuan^{45}tho^{11}tho^{0}]：整块的砖。

瓦块块[øua^{53}khuai^{53}khuai^{0}]：整块的瓦。

煤[mei^{11}]：煤炭资源的总称。

煤油[mei^{11}øiəu^{11}]

白炭[pe^{11}than^{35}]：木炭，建始当地冬季用来烧火取暖的较高档的能源。

煤炭灰[mei^{11}than^{35}xuei^{45}]：烧成的灰。

灰[xuei^{45}]：灰尘的统称。

泡石灰[phau^{45}ʂʅ^{11}xuei^{45}]：没经加工过的生石灰。

扬尘[øiaŋ^{11}tʂhən^{11}]：积聚在家中横梁、墙角等处的灰尘、油污。

火[xo^{53}]

烟子[øin^{45}tsʅ^{53}]：烧火形成的烟。

失火[ʂʅ^{11}xo^{53}]：火灾的统称。

水[ʂuei^{53}]：水的统称。

冷水[lən^{53}ʂuei^{53}]：①生水，相对于开水而言 ②凉水，相对于热水而言。

温热水[øuən^{45}khai^{45}ʂuei^{53}]：温热水。

温都子水[øuən^{45}ti^{45}tsʅ^{0}ʂuei^{53}]：不能饮用的热水，温度没有达到饮用的标准。

开水[khai^{45}ʂuei^{53}]：能喝的煮沸的白开水。

吸铁石[ɕi^{11}thie^{53}ʂʅ^{11}]：磁铁。

瓦[øua^{53}]：瓦的统称。

观音泥[kuan^{45}øin^{45}li^{11}]：有黏性，主要用于手工制作，自然灾害期间当地百姓用于充饥。

瓦片子[øua^{53}phin^{35}tsʅ^{0}]：碎瓦。

瓦渣滓[øua^{53}tʂa^{45}tsʅ^{0}]：比瓦片子还要碎的瓦。

砖[tʂuan^{45}]：砖的统称。

砖头[pan^{35}thəu^{11}tʂuan^{45}]：碎砖。

二、时间方位

(一)时间

时候儿[ʂʅ^{11}xɚ^{11}]：时候。

么子时候儿[mo^{53}tsɿ^{0}ʂʅ^{11}xɚ^{11}]：什么时候。

几时[tɕi^{53}ʂʅ^{11}]：什么时候，一般指某一天，不能指一天内的某一时点。

现在[ɕin^{35}tsai^{35}]

以前[øi^{53}tɕhin^{11}]

以后[øi^{53}xəu^{35}]

一辈子[øi^{11}pei^{35}tsɿ^{53}]

今年子[tɕin^{45}lin^{11}tsɿ^{53}]：今年。

明年子[mən^{11}lin^{11}tsɿ^{53}/ min^{11}lin^{11}tsɿ^{53}]：明年。

后年子[xəu^{35}lin^{11}tsɿ^{53}]：后年。

去年子[tɕhy^{35}lin^{11}tsɿ^{53}]：去年。

前年子[tɕhin^{11}lin^{11}tsɿ^{53}]：前年。

往年子[øuan^{53}lin^{11}tsɿ^{53}]：往年。

开年的时候儿[khai^{45}lin^{11}ti^{0}ʂʅ^{11}xɚ^{11}]：年初。

年底[lin^{11}ti^{53}]

今天[tɕin^{45}thin^{45}]

明天[mən^{11}thin^{45}/ min^{11}thin^{45}]

后天[xəu^{35}thin^{45}]

大后天[ta^{35}xəu^{35}thin^{45}]

昨天[tsho^{11}thin^{45}/ tso^{11}thin^{45}]

前天[tɕin^{11}thin^{45}]

上前天[ta^{35}tɕin^{11}thin^{45}]：大前天。

亘天[kən^{53}thin^{45}]：整天。

每天[mei^{53}thin^{45}]

早什[tsau^{53}ʂən^{11}]：早晨。

上午[ʂan^{35}øu^{53}]

吃中饭的时候儿[tʂhʅ^{45}tʂon^{45}fan^{35}ti^{0}ʂʅ^{11}xɚ^{11}]：中午。

下午[ɕia^{35}øu^{53}]

擦黑些儿[tsa^{11}xe^{45}ɕiɚ^{45}]：傍晚。

白天[pe^{11}thin^{45}]

晚上[øuan^{53}ʂan^{35}]：夜晚。

半夜时候儿[pan^{35}øie^{35}ʂʅ^{11}xɚ^{11}]：半夜。

正月间[tʂən^{45}øye^{35}tɕin^{45}]：正月。

冬月间[ton^{45}øye^{35}tɕin^{45}]：农历十一月。

腊月间[la^{35}øye^{35}tɕin^{45}]：农历十二月。

月大[øye^{35}ta^{35}]：农历三十天的月份。

月小[øye^{35}ɕiau^{53}]：农历二十九天的月份。

过赶年[ko^{35}kan^{53}lin^{11}]：土家族的农历新年的团年饭要比汉族提前一天，团年饭也一般安排在早上。

过立夏[ko^{35}li^{11}ɕia^{11}]：建始当地民间传统节日，夏季是一个忙碌的季节，立夏前几天都有走亲访友聚会的习俗。

社饭[ʂe^{35}fan^{35}]：自古有之，是中国汉、土家、苗、侗族等民族祭祀社稷的一种食品。

花朝节[xua^{45}tʂau^{45}tɕie^{11}]：花朝节是纪念百花的生日的节日，简称花朝。当地女孩子在当天可以用绣花针手工扎耳朵眼儿。

正月初一[tʂən^{45}øye^{35}tsu^{45}øi^{11}]：大年初一。

正月十五[tʂən^{45}øye^{35}ʂʅ^{11}øu^{53}]：元宵节。

清明[tɕhin^{45}min^{11}]

端阳[tan^{45}øiaŋ^{11}]：端午。

头端阳[thəu^{11}tan^{45}øiaŋ^{11}]：恩施地区过端午节一般要过三个，农历五月初五为头端阳，也是最重视、最正式的端午节。

中端阳[tʂon^{45}tan^{45}øiaŋ^{11}]：农历五月十五。

末端阳[mo^{35}tan^{45}øiaŋ^{11}]：农历五月二十五。

七月半[tɕhi^{11}ye^{35}pan^{35}]：七月十五。

中秋[tʂon^{45}tɕhiəu^{45}]

冬至[ton^{45}tʂʅ^{35}]
腊月[la^{35}øye^{35}]
三十晚上[san^{45}ʂʅ^{11}øuan^{53}ʂan^{0}]：除夕。
一年上头[øi^{11}lin^{11}ʂan^{35}thəu^{11}]：一年到头。
农历本本儿[lon^{11}li^{35}pən^{53}pɚ^{11}]：历书。
阴历[øin^{45}li^{35}]
阳历[øiaŋ^{11}li^{35}]
礼拜天[li^{53}pai^{35}thin^{45}]：星期天。

(二)方位

地方[ti^{35}fan^{45}]
哪个地方[la^{53}xo^{0}ti^{35}fan^{45}]：什么地方。
屋里[øu^{11}li^{0}]：家里。
城里头[tʂhən^{11}li^{53}thəu^{11}]：城里。
乡里头[ɕiaŋ^{45}li^{53}thəu^{11}]：乡下。
皮头[phi^{11}thəu^{11}]：表面、最外面。
上头[ʂan^{35}thəu^{45}]：上面。
下头[ɕia^{35}thəu^{45}]：下面。
左边[tso^{53}pin^{45}]
右边[øiəu^{35}pin^{45}]
中间[tʂon^{45}kan^{45}]
前头[tɕhin^{11}thəu^{45}]：前面。
后头[xəu^{35}thəu^{45}]：后面。
最后头[tsuei^{35}xəu^{35}thəu^{45}]：末尾。
对面[tuei^{35}min^{35}]
面前[min^{35}tɕin^{11}]
背后[pei^{35}xəu^{35}]
里头[li^{53}thəu^{11}]：里面。
外头[øuai^{35}thəu^{45}]：外面。
旁边[phan^{11}pin^{45}]
上[ʂan^{35}]：方位名词，上。

下[ɕia^{35}]：方位名词，下。
边边儿[pin^{45}piɚ^{45}]：边儿。
角角儿[ko^{53}koɚ^{53}]：角儿。
上去[ʂan^{35}tɕhie^{45}/ʂan^{35}khe^{45}]：上去。
下去[ɕia^{35}tɕhie^{45}/ɕia^{35}khe^{45}]：下来。
进去[tɕin^{35}tɕhie^{45}/tɕin^{35}khe^{45}]：进去。
出来[tʂhʅu^{11}lai^{11}]
出去[tʂhʅu^{11}tɕhie^{45}/tʂhu^{11}khe^{45}]：出去。
回来[xuei^{11}lai^{11}]
起来[tɕhi^{53}lai^{11}]

三、植　　物

（一）一般植物

树[ʂu^{35}]：树的总称。
林子[lin^{11}tsɿ^{53}]：通常指树林，也指成片杆高的植物。
树秧子[ʂu^{35}øiaŋ^{45}tsɿ^{53}]：树苗。
树蔸蔸[ʂu^{35}təu^{45}təu^{45}]：某些植物的根和靠近根的茎。
木头[mu^{35}thəu^{11}]
松树[son^{45}ʂu^{35}]
松针儿[son^{45}tʂɚ^{45}]：松针。
松树果子[son^{45}ʂu^{35}ko^{53}tsɿ^{53}]：松球。
柏杨树[pe^{11}øiaŋ^{11}ʂu^{35}]：柏树。
水杉树[ʂuei^{53}ʂa^{45}ʂu^{35}]：杉树。
柳树[liəu^{53}ʂu^{35}]
桑树[san^{45}ʂu^{35}]
桑泡儿[san^{45}phɚ^{35}]：桑葚。
桐油树[thon^{11}øiəu^{11}ʂu^{35}]：桐子树。
桐油[thon^{11}øiəu^{11}]：桐子树榨出的油。
皂壳儿[tsau^{35}khɚ^{11}ʂu^{35}]：皂角树。

竹子[tʂu^{11}tsɿ^{53}]

条子[thiau^{11}tsɿ^{0}]：竹子劈成的细条，较多用于体罚小孩子。

篾片[mie^{11}phin^{53}]：竹子劈成的薄片，较多用于体罚小孩子。

笋子[sən^{53}tsɿ^{53}]：笋。

叶子[øie^{35}tsɿ^{53}]

花[xua^{45}]：花的统称。

花苞苞儿[xua^{45}pau^{53}pɚ^{0}]：花蕾。

花芯子[xua^{45}ɕin^{45}tsɿ^{53}]：花芯。

梅花[mei^{11}xua^{11}]

牡丹花[məu^{53}tan^{45}xua^{45}]：牡丹。

荷花[xo^{11}xua^{45}]

草[tshau^{53}]：草的统称。

藤[thən^{11}]：藤的统称。

青苔蔓儿[tɕin^{45}thai^{11}mɚ^{45}]：青苔。

刺[tshʅ^{35}]：刺(名词)。

水果[ʂuei^{53}ko^{0}]：水果的总称。

苹果[phin^{11}ko^{53}]

桃子[thau^{11}tsɿ^{53}]

梨子[li^{11}tsɿ^{53}]梨。

□李儿[mie^{11}liɚ^{45}/mie^{11}li^{53}tsɿ^{53}]：李子。

杏子[xən^{35}tsɿ^{53}]：杏。

橘子[tɕy^{11}tsɿ^{53}]：橘子。

柑子[kan^{45}tsɿ^{53}]

柚子[øiəu^{35}tsɿ^{53}]

柿子[ʂʅ^{35}tsɿ^{53}]

石榴[ʂʅ^{11}liəu^{11}]

枣子[tsau^{53}tsɿ^{53}]：枣。

板栗[pan^{53}li^{35}]：栗子。

核桃[xe^{11}thau^{11}]

白果[pe^{11}ko^{53}]

甘蔗[kan^{45}tʂa^{45}]

耳子[øɚ^{53}tsɿ^{53}]：木耳。
菌儿[tɕyɚ^{35}]：蘑菇的统称。
香菌儿[ɕiaŋ^{45}tɕyɚ^{35}]：香菇。

(二)农作物

水稻[ʂuei^{53}tau^{35}]：稻子。
谷子[ku^{53}tsɿ^{53}]：稻谷。
糯谷[lo^{35}ku^{53}]
粘谷[tʂan^{45}ku^{53}]：有黏性的稻谷。
二季稻[øɚ^{35}tɕi^{35}tau^{35}]：晚稻。
糙米[tshau^{35}mi^{53}]：未经舂碾的米。
稻草[tau^{35}tshau^{53}]
麦子[me^{35}tsɿ^{53}]：大麦。
小麦[ɕiau^{53}me^{35}]
麦子梗梗儿[me^{35}tsɿ^{53}kən^{53}kɚ^{0}]：麦秸。
高粱[kau^{45}liaŋ^{11}]
苞谷坨[pau^{45}ku^{53}to^{0}]：玉米。
棉花[min^{11}xua^{45}]
油菜[øiəu^{11}tshai^{35}]
芝麻[tʂʅ^{45}ma^{11}]
葵花[ɕiaŋ^{35}ʐʅ^{11}khuei^{11}]：向日葵/葵花籽/炒熟后的葵花瓜子。
大豌豆[ta^{35}øuan^{45}təu^{45}]：蚕豆。
小豌豆[ɕiau^{53}øuan^{45}təu^{45}]：豌豆。
花生[xua^{45}sən^{45}]
黄豆[xuan^{11}təu^{45}]
豆芽儿[təu^{35}øiɚ^{11}]：用各种谷类、豆类、树类的种子培育出的可以食用的“芽菜”。
黄豆芽儿[xuan^{11}təu^{35}øiɚ^{11}]：用黄豆培育出的可以食用的“芽菜”。
绿豆芽儿[lu^{35}təu^{35}øiɚ^{11}]：用绿豆培育出的可以食用的“芽菜”。
绿豆儿[lu^{35}tɚ^{45}]：绿豆。
豇豆儿[kan^{45}tɚ^{45}]：豇豆。

白菜[pe^{11}tshai^{35}]：大白菜。

包包菜[pau^{45}pau^{45}tshai^{35}]：包心菜。

菠菜[po^{45}tshai^{35}]

芹菜[tɕhin^{11}tshai^{35}]

莴麻菜[øuo^{45}ma^{45}tshai^{35}]：与“莴笋”同类。莴笋以其茎为菜，莴麻菜以其叶为菜。

莴笋[øo^{45}sən^{45}]

韭菜[tɕiəu^{53}tshai^{35}]

芫荽菜[øin^{11}ɕy^{45}tshai^{35}]：香菜。

葱[tshon^{45}]

大蒜[ta^{35}san^{35}/ta^{35}suan^{35}]：蒜。

生姜[sən^{45}tɕiaŋ^{45}]：姜。

洋葱[øiaŋ^{45}tshon^{45}]

广椒[kuan^{53}tɕiau^{45}]：辣椒。

广椒面儿[kuan^{53}tɕiau^{45}miɚ^{35}]：辣椒面儿。

茄子[tɕhye^{11}tsɿ^{53}]

番茄[fan^{45}tɕhye^{11}]：西红柿。

萝卜[lo^{11}pu^{11}]

萝卜菜[lo^{11}pu^{11}tshai^{35}]

萝卜菜叶子[lo^{11}pu^{11}tshai^{35}øie^{35}tsɿ^{53}]

萝卜干儿[lo^{11}pu^{0}kɚ^{11}]：将萝卜晾干脱水后制成的咸菜。

胡萝卜[xu^{11}lo^{11}pu^{11}]

黄瓜[xuan^{11}kua^{45}]

丝瓜[sɿ^{45}kua^{45}]

南瓜[lan^{11}kua^{45}]

□荠儿[phu^{11}tɕhiɚ^{11}]：荸荠。

苕[ʂau^{11}]：红薯。

洋芋[øiaŋ^{11}øy^{0}]：马铃薯。

芋头[øy^{35}thəu^{11}]

瓠子[xu^{35}tsɿ^{53}]

山药[ʂan^{45}øio^{35}]

藕[øəu^{53}]

艾蒿[øai^{35}xau^{45}]：多年生草本或略成半灌木状，植株有浓烈香气，端午节当天挂门前用来避邪。

四、动　　物

(一)一般动物

野兽[øie^{53}ʂəu^{35}]：野兽的统称。

狮子[sɿ^{15}tsɿ^{53}]

老虎[lau^{53}xu^{53}]

猴子[xəu^{11}tsɿ^{53}]

蛇[ʂe^{11}]

水蛇[ʂuei^{53}ʂe^{11}]

菜花蛇[tshai^{35}xua^{45}ʂe^{11}]

青竹彪[tɕhin^{45}tʂu^{11}phiau^{45}]：蛇的一种，具有较好的医用价值。

四脚蛇[sɿ^{35}tɕio^{53}ʂe^{11}]：壁虎。

老鼠子[lau^{53}ʂu^{0}tsɿ^{0}]：老鼠。

阳雀子[øiaŋ^{11}tɕhio^{35}tsɿ^{53}]：杜鹃鸟。

屁叭虫[phi^{35}pha^{45}tʂhon^{11}]：臭虫。

檐老鼠儿[øin^{11}lau^{53}ʂuɚ^{0}]：蝙蝠。

鸟娃儿[liau^{53}øuɚ^{11}]：鸟儿。

麻雀子[ma^{11}tɕhio^{35}tsɿ^{53}]：麻雀。

喜鹊[ɕi^{53}tɕhio^{35}]

鸦雀子[øia^{45}tɕhio^{35}tsɿ^{53}]：喜鸦。

老娃子[lau^{53}øua^{11}tsɿ^{53}]：乌鸦。

虮子[tɕi^{53}tsɿ^{53}]：虱的卵，呈白色，为白色芝麻三分之一大，粘在发根上方半寸至一寸部位。

鸽子[ko^{11}tsɿ^{53}]

翅膀儿[tʂʅ^{35}pɚ^{53}]：翅膀。

爪爪儿[tʂua^{53}tʂuɚ^{53}]：爪子。

尾巴儿[øuei^{53}pɚ^{45}]：尾巴。

窝[øo^{45}]：鸟兽的居住地。

虫[tʂhon^{45}]：虫子。

蝴蝶[xu^{11}tie^{11}]

洋叮叮儿[øiaŋ^{11}tin^{45}tiɚ^{45}]：蜻蜓。

蜂子[fon^{45}tsʅ^{53}]：蜂类昆虫的总名，有时特指蜜蜂。

蜜蜂[mi^{35}fon^{45}]

蜂蜜[fon^{45}mi^{35}]

蛾子[øo^{11}tsʅ^{53}]：蛾类的统称。

飞娃儿[fei^{45}øuɚ^{45}]：蛾子。

四叽鸭[sʅ^{35}tɕi^{45}øia^{11}]：知了。

蚂蚓子[ma^{53}øin^{53}tsʅ^{53}]：蚂蚁。

蛐肠儿[tɕhy^{11}tʂhɚ^{11}]：蚯蚓。

蚕[tshan^{11}]：蚕的统称。

蛛蛛[tʂe^{11}tʂu^{45}]：蜘蛛。

蚊子[øuən^{11}tsʅ^{53}]：苍蝇。

饭蚊子[fan^{35}øuən^{11}tsʅ^{53}]：苍蝇。

绿蚊子[lu^{11}øuən^{11}tsʅ^{53}]：绿头苍蝇，又称为屎蚊子。

麻蚊子[ma^{11}øuən^{11}tsʅ^{53}]：体型较大的蚊子，普通话称为牛虻。

夜蚊子[øie^{35}øuən^{11}tsʅ^{53}]：蚊子。

虼蚤[ke^{11}tsau^{35}]：跳蚤。

虱子[se^{11}tsʅ^{53}]：虱子。

鱼[øy^{11}]

鲤鱼[li^{53}øy^{11}]

胖头鱼[pan^{35}thəu^{11}øy^{11}]：鳙鱼。

鲫鱼[tɕi^{11}øy^{11}]

甲鱼[tɕia^{53}øy^{11}]

鱼鳞[øy^{11}lin^{0}]：鳞。

虾子[ɕia^{45}tsʅ^{53}]：虾。

螃蟹[pan^{11}xai^{53}]

青蛙[tɕhin^{45}øua^{45}]
癞磕包[lai^{35}khe^{11}pau^{45}/ lai^{35}khe^{11}pɚ^{45}]：癞蛤蟆。
蚌壳儿[pan^{35}khuɚ^{11}]：蚌。
蚂蟥[ma^{53}xuan^{11}]：水蛭。

(二)家畜家禽

马[ma^{53}]：马的统称。
叫驴子[tɕiau^{35}ly^{11}tsʅ^{53}]：驴。
骡子[lo^{11}tsɿ^{53}]：骡。
牛[liu^{11}]：牛的统称。
牯牯[khu^{45}khu^{45}]：公牛。
水沙子[ʂuei^{53}ʂa^{45}tsɿ^{53}]：母牛。
放牛[fan^{35}liu^{11}]
羊子[øiaŋ^{11}tsɿ^{53}]：羊。
猪子[tʂu^{45}tsɿ^{53}]：猪。
脚猪[tɕio^{53}tʂu^{45}]：种猪。
公猪[kon^{45}tʂu^{45}]
母猪[mu^{53}tʂu^{45}]
猪儿[tʂu^{45}øɚ^{11}]：猪崽。
猪圈[tʂu^{45}tɕyn^{35}]
喂猪[øuei^{35}tʂu^{45}]：养猪。
猫娃儿[mau^{45}øuɚ^{45}]：猫。
男猫儿[lan^{11}mɚ^{45}]：公猫。
女猫儿[ly^{53}mɚ^{45}]：母猫。
狗子[kəu^{53}tsɿ^{53}]：狗的统称。
公狗子[kon^{45}kəu^{53}tsɿ^{53}]：公狗。
母狗子[mu^{53}kəu^{53}tsɿ^{53}]：母狗。
叫[tɕiau^{35}]：狗叫。
兔娃儿[thu^{35}øuɚ^{45}]：兔子。
鸡子[tɕi^{45}tsɿ^{53}]：鸡的统称。
公鸡[kon^{45}tɕi^{45}]

母鸡[mu^{53}tɕi^{45}]

抱鸡母[pau^{35}tɕi^{45}mu^{53}]：正在孵蛋的母鸡。

叫[tɕiau^{35}]：公鸡叫。

下[ɕia^{35}]：鸡蛋。

抱[pau^{35}]：孵。

鸭子[øia^{45}tsɿ^{53}]：鸭。

鹅[øo^{11}]

劁[tɕhiau^{45}]：阉公的猪。

□[ɕyn^{35}]：阉母的猪。

□[ɕyn^{35}]：阉鸡。

喂[øuei^{35}]：喂猪。

杀猪[ʂa^{11}tʂu^{45}]：杀猪的统称。

杀[ʂa^{11}]：杀鱼的动作。

五、房 舍 器 具

(一)房舍

村[tshən^{45}]：村庄。

巷子[xan^{35}tsɿ^{53}]：胡同。

街上[kai^{45}ʂan^{45}]：街道。

起屋[tɕhi^{53}øu^{45}]：盖房子。

屋[øu^{45}]：房子。

屋[øu^{45}]：屋子。

开间[khai^{45}tɕin^{45}]：房屋的横宽。

堂屋[than^{11}øu^{11}]：大厅。

房屋[fan^{11}øu^{11}]：卧室。

茅厕[mau^{11}sɿ^{45}]：茅屋。

灶屋[tsau^{35}øu^{11}]：厨房。

院坝子[øyn^{35}pa^{35}tsɿ^{53}]：院子。

场坝[tʂhan^{53}pa^{35}]：门前的场地，用做晾晒衣物之用。

院墙[øyn^{35}tɕhiaŋ^{11}]

梯子□□儿[thi^{45}tsɿ^{53}thən^{53}thɚ^{11}]：台阶。

瓦屋[øua^{53}øu^{45}]

洋房子[øiaŋ^{11}fan^{11}tsɿ^{53}]：旧指新式楼房。

灶[tsau^{35}]：灶的统称。

锅[ko^{45}]：锅的统称。

鼓子[ku^{53}tsɿ^{53}]：煮饭的用具。

炊子[tshuei^{45}tsɿ^{53}]：炊壶。

饭瓢瓢儿[fan^{35}phiau^{11}phiɚ^{11}]：盛饭的瓢。

炒菜的锅[tʂhau^{53}tshai^{35}ti^{0}ko^{45}]：菜锅。

格子[ke^{11}tsɿ^{0}]：蒸笼。

甑子[tsən^{35}ts^{0}]：木制，桶形，蒸饭用。

茅厕[mau^{11}sɿ^{45}]：厕所。

梁子[liaŋ^{11}tsɿ^{53}]：檩。

柱子[tʂu^{35}tsɿ^{53}]：柱子。

大门[ta^{35}mən^{11}]

门槛[mən^{11}khan^{53}]：门槛儿。

窗户[tʂhuan^{45}xu^{45}]：窗。

梯子[thi^{45}tsɿ^{53}]

钉耙[tin^{45}pha^{11}]：指作碎土、平土农具的用铁钉做齿的耙。

砍刀[khan^{53}tau^{45}]

开铲子[khai^{45}tʂhan^{53}tsɿ^{53}]：斧头。

薅锄[xau^{45}tshu^{11}]：除草用的长柄小锄。刀身宽大而锋利，有的略有弧度，呈月牙形；有的没有弧度，刃口平直。主要用于地表的铲掘工作，比如铲除地面的杂草、收拢地面散乱的谷物或沙土等。

扫竹[sau^{35}tʂu^{11}]：扫帚。

扫地[sau^{53}ti^{35}]

渣滓[tʂa^{45}tsɿ^{53}]：垃圾。

(二)家具

家具[tɕia^{45}tɕy^{35}]

东西[ton^{45}ɕi^{45}]

床[tʂuan^{11}]

绷子床[pon^{45}tsɿ^{53}tʂhuan^{11}]：用棕绳编织而成的床垫。

槁件[kau^{53}tɕin^{35}]：用来铺床的棕垫或稻草垫。

枕头[tʂən^{53}thəu^{11}]

铺盖[phu^{45}kai^{45}]：被子。

棉套[min^{11}thau^{45}]：棉絮。

卧单/坝单[øo^{35}tan^{45}/pa^{35}tan^{45}]：床单。

坝的[pa^{35}ti^{0}]：褥子。

席子[ɕi^{11}tsɿ^{53}]：凉席类床上用品的统称。

草席子[tshau^{53}ɕi^{11}tsɿ^{53}]

篾席子[mie^{11}ɕi^{11}tsɿ^{53}]：竹子编织的凉席。

帐子[tʂan^{35}tsɿ^{53}]：蚊帐。

帐钩子[tʂan^{35}kəu^{45}tsɿ^{53}]

桌子[tʂo^{45}tsɿ^{53}]：桌子。

柜子[kuei^{35}tsɿ^{53}]

倒柜子[tau^{35}kuei^{35}tsɿ^{53}]：下部可以放粮食的柜子。

抽屉[tʂhəu^{45}thi^{35}]

条桌[thiau^{11}tʂo^{45}]：案子。

椅子[øi^{53}tsɿ^{53}]

藤椅[thən^{11}øi^{53}]：用细竹条和竹子编织而成的有靠背的椅子。

枷椅儿[tɕia^{45}øiɚ^{53}]：一种婴儿坐具。

背拢[pei^{35}lon^{45}]：背篓。

凳凳儿[tən^{35}tɚ^{45}]：凳子。

马桶[ma^{53}thon^{53}]

夜壶[øie^{35}xu^{11}]：成年男性用。

(三)用具

菜薄刀[tshai^{35}po^{11}tau^{45}]：菜刀。

水瓢[ʂuei^{53}phiau^{11}]：瓢。

条盘[thiau^{11}phan^{11}]：木制长方形用来传菜的厨房用品。

缸[kan^{45}]

酒坛子[tɕiəu^{53}than^{11}tsɿ^{53}]：装酒的坛子。

酸水坛子[san^{45}ʂuei^{53}than^{11}tsɿ^{53}]：当地民众用来腌制各种咸菜的陶瓷坛子。

潲水桶子[sau^{35}ʂuei^{53}than^{11}tsɿ^{53}]：用来盛装剩饭剩菜的桶。

酒瓶子[tɕiəu^{53}phin^{11}tsɿ^{53}]：装酒的瓶子。

盖盖儿[kai^{35}kɚ^{45}]：盖子。

碗[øuan^{53}]

锅[ko^{45}]

锅麻烟子[ko^{45}ma^{45}øin^{45}tsɿ^{45}]：锅底灰。

刷竹[ʂua^{11}tʂu^{45}]：用细篾编束而成的刷锅用具。

筷子[khuai^{35}tsɿ^{53}]

调羹儿[thiau^{11}kɚ^{45}]：汤匙。

柴[tʂai^{11}]：柴火。

锯末子[tɕy^{35}mo^{35}tsɿ^{53}]：锯末。

刨叶子[phau^{11}øie^{11}tsɿ^{53}]：刨花。

泡桴什儿[phau^{45}fu^{45}ʂɚ^{11}]：没有烧透而留下的余烬经密闭而成，可以用来取暖、引火。

火柴[xo^{53}tʂai^{11}]

吹火筒[tʂhuei^{45}xo^{53}thon^{11}]

火钳[xo^{53}tɕhin^{11}]

锁[so^{53}]

钥匙[øio^{11}ʂʅ^{11}]

开水瓶子/热水瓶子[khai^{45}ʂuei^{53}phin^{11}tsɿ^{53}/ʐe^{11}ʂuei^{53}phin^{11}tsɿ^{53}]：暖水瓶。

热水袋子[ʐe^{11}ʂuei^{53}tai^{35}tsɿ^{53}]：暖水袋。

洗脸盆儿[ɕi^{53}lin^{53}phɚ^{11}]：脸盆。

洗脸水[ɕi^{53}lin^{53}ʂuei^{53}]

洗脸袱子[ɕi^{53}lin^{53}fu^{11}tsɿ^{53}]：毛巾。

手袱儿[ʂəu^{53}fɚ^{11}]：手绢。

肥皂[fei^{11}tsau^{35}]

梳子[su^{45}tsɿ^{53}]
针[tʂən^{45}]：缝衣针。
剪子[tɕin^{53}tsɿ^{53}]
蜡烛[la^{35}tʂu^{11}]
电筒[tin^{35}thon^{11}]：手电筒。
伞[san^{53}]：雨伞。
自行车[tsɿ^{35}ɕin^{11}tʂhe^{45}]

六、服饰饮食

(一)服饰

衣服[øi^{45}fu^{45}]
洗两水[ɕi^{53}liaŋ^{53}ʂuei^{53}]：衣物漂洗几次。
胎衣服[tai^{45}øi^{45}fu^{45}]：贴身穿的长袖内衣。
胎裤子[tai^{45}khu^{35}tsɿ^{0}]：贴身穿的长裤。
背笼系架架儿[pei^{35}lon^{45}ɕi^{35}tɕia^{35}tɕiɚ^{35}]：背心。
背心儿[pei^{35}ɕiɚ^{45}]：背心。
兜兜儿[təu^{45}tɚ^{45}]：婴幼儿罩在胸前的肚兜。
对襟儿[tuei^{35}tɕiɚ^{45}]：中式服装。
穿[tʂhuan^{45}]
脱[tho^{11}]
系[tɕi^{35}]：系鞋带。
衬衣[tshən^{35}øi^{45}]：衬衫。
毛线衣[mau^{11}ɕin^{35}øi^{45}]：毛衣。
袄子[øau^{53}tsɿ^{0}]：棉衣。
衣袖子[øi^{45}ɕiəu^{35}tsɿ^{53}]：袖子。
荷包儿[xo^{11}pɚ^{45}]：衣服上的口袋。
裤子[khu^{35}tsɿ^{53}]
西装短裤[ɕi^{45}tʂuan^{45}tan^{53}khu^{35}]：短裤。
裤脚[khu^{35}tɕio^{53}]：裤腿。

鞋子[xai^{11}tsɿ^{53}]：鞋类的统称。

统统鞋[thon^{53}thon^{53}xai^{11}]：雨鞋。

布鞋子[pu^{35}xai^{11}tsɿ^{0}]：布鞋。

帽子[mau^{35}tsɿ^{53}]

斗笠帽儿[təu^{53}li^{35}mɚ^{11}]：斗笠。

鞋子[xai^{11}ts^{53}]

上鞋子[ʂan^{35}xai^{11}tsɿ^{53}]：过去自己手工制作布鞋的一道工序，指纳鞋底。

袜子[øua^{11}tsɿ^{53}]

丝光袜子[sɿ^{45}kuan^{45}øua^{11}tsɿ^{53}]：丝袜。

围巾[øuei^{11}tɕin^{45}]

围衣儿[øuei^{11}øiɚ^{45}]：围裙。

屎片子[ʂʅ^{53}phin^{35}tsɿ^{53}]：尿布。

扣子[khəu^{35}tsɿ]

扣[khəu^{35}]：动词。

戒指[kai^{35}tʂʅ^{53}]

手镯子[ʂəu^{53}tʂo^{11}tsɿ^{53}]：手镯。

剪脑壳/剃头[tɕin^{53}lau^{53}kho^{11}/ thi^{35}thəu^{11}]：理发。

梳头[su^{45}thəu^{11}]

(二)饮食

饭[fan^{35}]：米饭。

夜饭[øie^{35}fan^{35}]：晚饭。

新鲜饭[ɕin^{45}ɕin^{45}fan^{35}]：本餐新做的饭。

蓑衣饭[so^{45}øi^{45}fan^{35}]：玉米面与大米混在一起做出来的饭。

烫烫饭[than^{35}than^{35}fan^{35}]：用剩饭与汤一起煮成的饭。

现饭[ɕin^{35}fan^{35}]：剩饭。

稀饭[ɕi^{45}fan^{35}]

灰面[xuei^{45}min^{35}]：面粉。

灰面疙瘩[xuei^{45}min3ke^{11}ta^{0}]：当地的一种疙瘩状面食。

面条儿[min^{35}thiɚ^{11}]：面条。

面儿[miɚ^{35}]：细小的颗粒状。

馒坨[$\text{man}^{11}\text{tho}^{11}$]：馒头。

包子[$\text{pau}^{45}\text{tsɿ}^{53}$]

饺子[$\text{tɕiau}^{53}\text{tsɿ}^{0}$]

包面[$\text{pau}^{45}\text{min}^{35}$]：馄饨。

芯子[$\text{ɕin}^{45}\text{tsɿ}^{53}$]：馅儿。

油条[$\text{øiəu}^{11}\text{thiau}^{11}$]

豆浆[$\text{təu}^{35}\text{tɕiaŋ}^{45}$]

豆腐脑儿[$\text{təu}^{35}\text{fu}^{53}\text{lɚ}^{53}$]：豆腐脑。

汤圆儿[$\text{than}^{45}\text{øyɚ}^{45}$]：元宵。

粽子[$\text{tson}^{35}\text{tsɿ}^{53}$]

阴米子[$\text{øin}^{45}\text{mi}^{53}\text{tsɿ}^{53}$]：糯米蒸熟晒干而成。

洋芋粉[$\text{øiaŋ}^{11}\text{øy}^{11}\text{fən}^{53}$]：淀粉。

年糕[$\text{lin}^{11}\text{kau}^{45}$]

鲊巴儿[$\text{tʂa}^{53}\text{pɚ}^{45}$]：点心、零食的统称。

鸡蛋糕[$\text{tɕi}^{45}\text{tan}^{35}\text{kau}^{45}$]：蛋糕。

菜[tshai^{35}]

合渣／懒豆腐[$\text{xo}^{11}\text{tʂa}^{45}$／$\text{lan}^{53}\text{təu}^{35}\text{fu}^{53}$]：把浸泡过的黄豆磨碎，加青菜及佐料煮熟而成的食品，因为同用黄豆作原料，而制作比豆腐简便，所以又称为懒豆腐。

豆筋[$\text{təu}^{35}\text{tɕin}^{45}$]：腐竹。

豆腐干儿[$\text{təu}^{35}\text{fu}^{53}\text{kɚ}^{45}$]：干子。

霉豆腐[$\text{mei}^{11}\text{təu}^{35}\text{fu}^{53}$]：将新鲜豆腐发酵后制成的食品，腐乳。

盐菜[$\text{øin}^{11}\text{tshai}^{35}$]：干菜。

豆腐[$\text{təu}^{35}\text{fu}^{53}$]

猪血[$\text{tʂu}^{45}\text{ɕye}^{11}$]

猪脚爪爪儿[$\text{tʂu}^{45}\text{tɕio}^{53}\text{tʂau}^{53}\text{tʂɚ}^{53}$]：猪蹄。

猪舌条儿[$\text{tʂu}^{45}\text{ʂe}^{11}\text{thiɚ}^{11}$]：猪舌头。

猪肝儿[$\text{tʂu}^{45}\text{kɚ}^{45}$]：猪肝。

下水[$\text{ɕia}^{35}\text{ʂuei}^{53}$]

鸡蛋[tɕi^{45}tan^{35}]

皮蛋[phi^{11}tan^{35}]：松花蛋。

猪油[tʂu^{45}øiəu^{11}]

板油[pan^{53}øiəu^{11}]：猪的腔子里面成块的脂肪。

麻油[ma^{11}øiəu^{11}]：香油。

酱油[tɕiaŋ^{35}øiəu^{11}]

菜油[tshai^{35}øiəu^{11}]：菜籽油。

酱[tɕiaŋ^{35}]：用蚕豆瓣加辣椒、盐等做的一种调料。

稀广椒[ɕi^{45}kuan^{45}tɕiau^{45}]：用红辣椒磨成，可以做原料也可以当菜吃。

盐[øin^{11}]

醋[tshu^{35}]

烟[øin^{45}]：香烟。

叶子烟[øie^{11}tsɿ^{53}øin^{45}]：旱烟。

烟担儿[øin^{45}tɚ^{45}]：旱烟袋，中间是一截打通的细竹竿儿，一头套烟嘴，一头套烟锅。

白酒[pe^{11}tɕiəu^{53}]

黄酒[xuan^{11}tɕiəu^{53}]

醪糟儿[lau^{11}tsɚ^{45}]：江米酒。

茶叶子[tʂa^{11}øie^{11}tsɿ^{53}]：茶叶。

倒[tau^{35}]：沏茶。

冰棒[pin^{45}pan^{45}]：冰棍儿。

弄饭[lon^{45}fan^{35}]：做饭。

炒菜[tʂhau^{53}tshai^{35}]

煮[tʂu^{53}]

煎[tɕin^{45}]

炸[tʂa^{11}]

蒸[tʂən^{45}]

挼[ʐua^{11}]：揉。

擀[kan^{53}]

过早[ko^{35}tsau^{53}]：吃早饭。

吃中饭[tʂʅ^{45}tʂon^{45}fan^{35}]：吃午饭。
吃夜饭[tʂʅ^{45}øie^{35}fan^{35}]：吃晚饭。
吃[tʂʅ^{45}]
喝[xo^{45}]：喝酒。
喝[xo^{45}]：喝茶。
呼[xu^{45}]：抽烟的动作。
添[thin^{45}]：盛饭的动作行为。
拈[lin^{45}]：夹菜。
倒[tau^{35}]：斟酒。
干[kan^{45}]：渴。
饿[øo^{35}]
哽[kən^{53}]：噎。

七、身体医疗

(一)身体

脑壳[lau^{53}kho^{11}]：头。
后脑壳[xəu^{35}lau^{53}ko^{11}]：后脑勺。
头发[thəu^{11}fa^{45}]
开顶[khai^{45}tin^{53}]：头顶掉了大量头发。
辫辫儿[pin^{35}piɚ^{45}]：辫子。
旋儿[ɕyɚ^{35}]：头发旋儿。
脸巴儿[lin^{53}pɚ^{45}]：脸颊。
额脑壳[øe^{11}lau^{53}kho^{11}]：额头。
争嘴窝[tsən^{45}tsuəi^{53}øo^{45}]：颈后凹处。
长相[tʂan^{53}ɕiaŋ^{35}]：相貌。
脸[lin^{53}]
眼睛[øin^{53}tɕin^{45}]
眼睛珠珠儿[øin^{53}tɕin^{45}tʂu^{45}tsuɚ^{45}]：眼珠。
眼流水儿[øin^{53}liəu^{11}ʂuɚ^{53}]：眼泪。

眉毛[mei^{11}mau^{11}]

寒毛[xan^{11}mau^{11}]

筋[tɕin^{45}]：有时可以指看得见的血管。

腰子[iau^{45}tsɿ^{53}]：肾，猪的肾有时也可以叫做“腰子”。

耳朵[øɚ^{53}to^{53}]

鼻子[pi^{11}tsɿ^{53}]

鼻子[pi^{11}tsɿ^{53}]：鼻涕。

擤[ɕin^{53}]：擤鼻子。

嘴巴[tsuei^{53}pa^{45}]

嘴巴皮子[tsuei^{53}pa^{45}phi^{11}tsɿ^{53}]：嘴唇。

口水儿[khəu^{53}ʂuɚ^{53}]：口水。

痰口水儿[than^{11}khəu^{53}ʂuɚ^{53}]：痰与口水的混合。

舌条儿[ʂe^{11}thiɚ^{11}]：舌头。

牙齿[øia^{11}tʂʅ^{53}]

下巴儿[ɕia^{35}pɚ^{45}]：下巴。

胡子[xu^{11}tsɿ^{53}]

酒子[tɕiəu^{53}tsɿ^{53}]：青春痘。

痱子[fei^{35}tsɿ^{53}]：夏季或炎热环境下常见的表浅性、炎症性皮肤病。

抽风[tʂhəu^{45}fon^{45}]：“惊厥”，是小儿时期常见的急症。

挂耳胡[kua^{35}øɚ^{53}xu^{11}]：络腮胡。

颈扛[tɕin^{53}khan^{11}]：脖子。

喉咙管儿[xəu^{11}lon^{53}kuɚ^{53}]：喉咙。

肩包[tɕin^{45}pau^{45}]：肩膀。

倒拐子[tau^{35}kuai^{53}tsɿ^{53}]：胳膊。

手[ʂəu^{53}]

左手[tso^{53}ʂəu^{53}]

右手[øiəu^{35}ʂəu^{53}]

腚子[tin^{35}tsɿ^{53}]：拳头。

手指胳儿[ʂəu^{53}tʂʅ^{11}kɚ^{45}]：手指。

大指胳儿[ta^{35}tʂʅ^{11}kɚ^{45}]：大拇指。

食指胳儿[ʂʅ^{11}tʂʅ^{11}kɚ^{45}]：食指。
中指胳儿[tʂon^{45}tʂʅ^{11}kɚ^{45}]：中指。
无名指[øu^{11}min^{11}tʂʅ^{53}]
小指胳儿[ɕiau^{53}tʂʅ^{53}kɚ^{45}]：小拇指。
耳巴子[øɚ^{53}pa^{45}tsɿ^{53}]：耳光。
指甲壳壳儿[tʂʅ^{11}tɕia^{11}kho^{11}khɚ^{0}]：指甲。
腿杆子[thuei^{53}kan^{53}tsɿ^{0}]：腿。
脚[tɕio^{53}]
鸡眼睛[tɕi^{45}øin^{53}tɕin^{45}]：茧。
磕膝包儿[khe^{45}ɕi^{45}pɚ^{45}]：膝盖。
背截[pei^{35}tɕie^{11}]：背(名词)。
背心[pei^{35}ɕin^{45}]：背(名词)。
肚子[tu^{53}tsɿ^{53}]
肚脐儿[tu^{35}tɕhiɚ^{11}]：肚脐。
咩咩[mie^{45}mie^{45}]：乳房。
屁股[phi^{35}ku^{53}]
屁眼儿[phi^{35}øiɚ^{45}]：肛门。
屙屎[øo^{45}ʂʅ^{53}]：拉屎。
屙尿[øo^{45}liau^{35}]：撒尿。
打屁[ta^{53}phi^{35}]：放屁。
握汗[øo^{11}xan^{35}]：民间治疗感冒的一种发热出汗疗法。

(二)疾病医疗

病哒[pin^{35}ta^{0}]：病了。
害病[xai^{35}pin^{35}]：生病。
搞凉哒[kau^{53}liaŋ^{11}ta^{0}]：着凉。
咳[khe^{11}]：咳嗽。
发烧[fa^{11}ʂau^{45}]
发抖[fa^{11}thəu^{53}]
肚子疼[tu^{53}tsɿ^{53}thən^{11}]
屙肚子[øo^{45}tu^{53}tsɿ^{53}]：拉肚子。

打摆子[ta^{53}pai^{53}tsɿ^{0}]：患疟疾。

中暑[tʂon^{35}ʂu^{53}]

肿哒[tʂon^{53}ta^{0}]：肿。

化脓[xua^{35}lon^{11}]

疤子[pa^{45}tsɿ^{53}]：疤。

癣[ɕyan^{53}]

痣[tʂʅ^{35}]

疤子[pa^{45}tsɿ^{53}]：疤痕。

癞子[lai^{35}tsɿ^{53}]：头上长白癣，也指长白癣的人。

瘫子[than^{45}tsɿ^{53}]：瘫痪的人。

麻子[ma^{11}tsɿ^{53}]：人出天花后留下的疤痕，也可指脸上有麻子的人。

暴耳风[pau^{35}øɚ^{53}fon^{45}]：腮腺炎。

母猪风[mu^{53}tʂu^{45}fon^{45}]：癫痫。

风皮子壳壳[fən^{45}phi^{11}tsɿ^{0}kho^{11}kho^{11}]：头皮屑。

包[pau^{45}]：蚊子咬后形成的疙瘩。

哈痒[xa^{45}øiaŋ^{53}]：挠痒。

倒欠[tau^{35}tɕin^{45}]：指甲基部被披开的小片表皮。

狐臭[xu^{11}tʂəu^{35}]

看病[khan^{35}pin^{35}]

拿脉[la^{11}mie^{11}]：诊脉。

针灸[tʂən^{45}tɕiəu^{45}]

打针[ta^{53}tʂən^{45}]

打吊针[ta^{53}tiau^{35}tʂən^{45}]

吃药[tʂʅ^{45}øio^{11}]

中药[tʂon^{45}øio^{11}]：汤药。

膏药[kau^{45}øio^{35}]：中药外用药。

病松啊一些哒[pin^{35}son^{45}a^{0}øi^{11}ɕie^{45}ta^{0}]：病轻了。

穿哒[tʂhun^{45}ta^{0}]：脓包溃脓了。

灌哒[kuan^{35}ta^{0}]：化脓了。

八、婚丧信仰

（一）婚育

做媒[tsu^{35}mei^{11}]：说媒。

看人户[khan^{35}ʐən^{11}xu^{35}]：女方到男方家了解情况。

媒人[mei^{11}ʐən^{11}]

相亲[ɕiaŋ^{45}tɕin^{45}]

订婚[tin^{35}xon^{45}]

陪嫁[phei^{11}tɕia^{35}]：嫁妆。

结婚[tɕie^{11}xon^{45}]

十兄弟[ʂʅ^{11}ɕion^{45}ti^{35}]：新婚前一晚，男方凑足十个未婚男子共同庆贺。

十姊妹儿[ʂʅ^{11}tsɿ^{53}mɚ^{35}]：出嫁前一晚，女方凑足十个未婚女子共同庆贺。

娶媳妇儿[tɕhʮ^{53}ɕi^{45}fɚ^{35}]：娶妻子。

嫁姑娘[tɕia^{35}ku^{45}liaŋ^{45}]：出嫁。

拜堂[pai^{35}tan^{11}]

新郎倌儿[ɕin^{45}lan^{11}kuɚ^{45}]：新郎。

新姑娘儿[ɕin^{45}ku^{45}liɚ^{45}]：新娘子。

回门[xuei^{11}mən^{11}]

上门[ʂan^{35}mən^{11}]：男子入赘。

孕妇[øyn^{35}fu^{35}]

怀娃娃儿[xuai^{11}øua^{11}uɚ^{0}]：怀孕。

害儿[xai^{35}øɚ^{11}]：妊娠反应。

生娃娃儿[sən^{45}øua^{11}øuɚ^{0}]：分娩。

送祝米[son^{35}tʂu^{11}mi^{53}]：给生了孩子的人家送礼，旧时礼品一般为糯米、鸡蛋、红糖。

掉哒[tiau^{35}ta^{0}]：流产。

刮娃娃儿[kua^{11}øua^{11}øuɚ^{0}]：打胎。

双胎儿[ʂuan^{45}thɚ^{45}]：双胞胎。

坐月子[tsu^{35}øye^{35}tsɿ^{53}]

月母子[øye^{35}mu^{53}tsɿ^{53}]：坐月子的妇女。

吃咩咩[tʂʅ^{45}mie^{45}mie^{45}]：吃奶。

隔奶[ke^{11}lai^{53}]：断奶。

满月[man^{53}øye^{35}]

过生[ko^{35}sən^{45}]：生日。

做寿[tsu^{35}ʂəu^{35}]

(二)丧葬

死哒[sɿ^{53}ta^{0}]：死的统称。

吊气哒[tiau^{35}tɕhi^{35}ta^{0}]：死亡。

过身哒[ko^{35}ʂən^{45}ta^{0}]：死了。

老人哒[lau^{53}ʐən^{11}ta^{0}]：死的婉称。

自杀[tsɿ^{35}ʂa^{45}]

闹药子[lau^{35}øio^{35}tsɿ^{0}]：毒药。

断气[tuan^{35}tɕi^{35}]：咽气。

戴孝[tai^{35}ɕiau^{35}]

坐夜[tso^{35}øie^{35}]：死者家属在出殡前一晚安排的招待吊孝人员的晚饭。

入材[ʐu^{11}tshai^{11}]：入殓。

方子[fan^{45}tsɿ^{53}]：棺材。

出殡[tʂu^{45}pin^{45}]

灵牌子[lin^{45}phai^{11}tsɿ^{53}]：灵位。

做七[tsu^{35}tɕhi^{11}]

孝子[ɕiau^{35}tsɿ^{53}]：有孝心的子女，丧事上专指给死者抱灵牌子的人。

号丧棒[khu^{11}san^{45}pan^{35}]：哭丧棒。

坟[fen^{11}]：坟墓。

坟茔[fən^{11}øin^{11}]：泛指墓地，也可专指自家的坟地。

上坟[ʂan^{35}fən^{11}]

火纸[xo^{53}tʂʅ^{53}]：纸钱。

(三)信仰

天老爷[thin^{45}lau^{53}øie^{11}]：老天爷。
菩萨[phu^{11}sa^{11}]
观音菩萨[kuan^{45}øin^{45}phu^{11}sa^{11}]：观音。
灶王爷[tsau^{35}øuan^{11}øie^{11}]：灶神。
寺庙[sɿ^{35}miau^{35}]
祠堂[tshɿ^{11}than^{11}]
和尚[xo^{11}ʂan^{0}]
尼姑[li^{11}ku^{45}]
端工[tan^{45}kon^{45}]：道士。
看地[khan^{35}ti^{35}]：看风水。
算命[suan^{35}min^{35}]
运气[øyn^{35}tɕhi^{0}]
保佑[pau^{53}øiəu^{35}]

九、人品称谓

(一)人品

人[ʐən^{11}]
男客[lan^{11}khe^{35}]：男人。
女人[ly^{53}ʐən^{11}]
单身汉儿[tan^{45}ʂən^{45}xɚ^{35}]：单身汉。
老姑娘儿[lau^{53}ku^{45}liɚ^{45}]：老姑娘。
奶娃娃儿[lai^{53}øua^{11}øuɚ^{0}]：婴儿。
细娃娃儿[ɕi^{35}øua^{11}øuɚ^{11}]：小孩。
男娃儿[lan^{11}øuɚ^{11}]：男孩。
女娃儿[ly^{53}øuɚ^{11}]：女孩。
老年人[lau^{53}lin^{11}ʐən^{11}]：老人。

婆婆儿[pho^{11}phɚ^{11}]：老年妇女。

伙计[xo^{53}tɕie^{53}]：同辈人之间的随便称呼，也可是丈夫的随便称呼。

亲戚[tɕhin^{45}tɕhi^{11}]

朋友[phon^{11}øiəu^{53}]

隔壁邻什[ke^{11}pi^{11}lin^{11}ʂhʅ^{11}]：邻居。

客[khe^{35}]：客人。

种田的[tʂon^{35}thin^{11}ti^{0}]：农民。

开车的[khai^{45}tʂe^{45}ti^{0}]：司机。

做生意的[tsu^{35}sən^{45}øi^{45}ti^{0}]：商人。

做手艺的[tsu^{35}ʂəu^{53}øi^{35}ti^{0}]：手艺人。

补锅佬[pu^{53}ko^{45}lau^{0}]：补锅的手艺人。

劁猪佬儿[tɕhiau^{45}tʂu^{45}lɚ^{53}]：阉割猪的手艺人。

杀猪佬儿[ʂa^{45}tʂulɚ^{53}]：专门从事杀猪的人，屠夫。

一命的[øi^{11}min^{35}ti^{0}]：同庚。

泥瓦匠[li^{11}øua^{53}tɕiaŋ^{35}]：泥水匠。

木匠[mu^{35}tɕiaŋ^{35}]

裁缝[tshai^{11}fon^{11}]

刮刮匠[kua^{11}kua^{11}tɕiaŋ^{35}]：理发师。

大师傅[ta^{35}sʅ^{45}fu^{0}]：厨师。

师傅[sʅ^{45}fu^{45}]

徒弟娃儿[thu^{11}ti^{35}øuɚ^{11}]：徒弟。

叫花子[kau^{35}xua^{45}tsʅ^{53}]：乞丐。

讨米的[thau^{53}mi^{53}ti^{0}]

卖屄的[mai^{35}phi^{45}ti^{0}]：妓女。

流氓[liəu^{11}man^{11}]

强盗[tɕhiaŋ^{11}tau^{35}]：贼。

抢犯[tɕhiaŋ^{53}fan^{35}]

寡母子[kua^{53}mu^{53}tsʅ^{53}]：寡妇。

孤老[ku^{45}lau^{53}]：无儿无女的老人。

瞎子[ɕia^{11}tsʅ^{53}]

聋子[lon^{45}tsɿ^{53}]
哑巴[øia^{53}pa^{45}]
驼子[to^{11}tsɿ^{53}]
□子[pai^{45}tsɿ^{53}]：瘸子。
邪子[çie^{11}tsɿ^{53}]：疯子。
哈哈[xa^{53}xa^{53}]：傻子。
苕[ʂau^{11}]：笨蛋。

(二)称谓

爷爷[øie^{11}øie^{11}]
奶奶[lai^{53}lai^{53}]
嗲嗲[tia^{45}tia^{45}]：爷爷或奶奶。
家公[ka^{45}kon^{45}]：外祖父。
家家[ka^{45}ka^{45}]：外祖母。
妈老汉儿[ma^{45}lau^{53}xɚ^{11}]：父母的合称。
老头儿[lau^{53}thɚ^{11}]：父亲的叙称。
妈[ma^{45}]：母亲的叙称。
爸[pa^{11}]：爸爸的称呼语。
妈[ma^{45}]：妈妈的称呼语。
后老头儿[xəu^{35}lau^{53}thɚ^{11}]：继父。
后妈[xəu^{35}ma^{45}]：继母。
老丈人[lau^{53}tʂan^{35}ʐən^{11}]：岳父。
老丈母[lau^{53}tʂan^{35}mu^{53}]：岳母。
公公老汉儿[kon^{45}kon^{45}lau^{53}xɚ^{11}]：公公。
婆子妈[pho^{11}tsɿ^{53}ma^{45}]：婆婆。
伯伯[pe^{11}pe^{11}]：伯父。
伯娘[pe^{11}liaŋ^{45}]：伯母。
叔叔[ʂu^{45}ʂu^{45}]：叔父。
小叔叔[çiau^{53}ʂu^{45}ʂu^{45}]：排行最小的叔父。
小叔子[çiau^{53}ʂu^{11}tsɿ^{0}]：丈夫的弟弟。
婶儿[ʂɚ^{53}]：叔母。

爹爹[$tie^{45}tie^{45}$]：姑妈的统称，不分长幼。

姑爷[$ku^{45}øie^{11}$]：姑父。

姑子[$ku^{45}tsɿ^{0}$]：丈夫的姐妹。

舅舅[$tɕiəu^{35}tɕiəu^{35}$]

舅母[$tɕiəu^{35}mu^{53}$]：舅妈。

姨[$øi^{11}$]：姨妈的统称。

姨爹[$øi^{11}tie^{45}$]：姨父。

兄弟伙里[$ɕioŋ^{45}ti^{35}xo^{53}lie^{0}$]：弟兄。

姊儿妹子[$tsɿ^{53}øɚ^{11}mei^{35}tsɿ^{53}$]：姊妹。

姑娘婆婆儿[$ku^{45}liaŋ^{45}pho^{11}phɚ^{11}$]：已婚妇女的通称或指自己的妻子。

哥哥[$ko^{45}ko^{45}$]：哥哥的统称。

嫂娘子[$sau^{53}liaŋ^{11}tsɿ^{53}$]：嫂子。

弟娃儿[$ti^{35}øuɚ^{11}$]：弟弟的统称。

弟媳妇儿[$ti^{35}ɕi^{11}fɚ^{11}$]：弟媳。

姐娃子[$tɕie^{53}øua^{11}tsɿ^{53}$]：姐姐。

姐夫哥[$tɕie^{53}fu^{45}ko^{45}$]：姐夫。

妹娃子[$mei^{35}øua^{11}tsɿ^{53}$]：妹妹。

妹夫子[$mei^{35}fu^{45}tsɿ^{53}$]：妹夫。

哥大爷[$ko^{45}ta^{35}øie^{11}$]：相当于“老哥”的意思，对大哥的尊称。

嫂娘子[$sau^{53}liaŋ^{11}tsɿ^{53}$]：对嫂嫂的尊称。

叔伯兄弟[$ʂu^{11}pe^{11}ɕioŋ^{45}ti^{35}$]：堂兄弟。

表兄弟[$piau^{53}ɕioŋ^{45}ti^{35}$]

妯娌[$tʂu^{11}li^{11}$]

连裆儿[$lin^{11}tɚ^{45}$]：连襟。

儿子[$øɚ^{11}tsɿ^{53}$]

媳妇儿[$ɕi^{11}fɚ^{11}$]：妻子的随意称呼，也指儿媳妇儿。

媳妇子[$ɕi^{11}fu^{35}tsɿ^{53}$]：指刚结婚不久的年轻的妻子。

儿媳妇儿[$øɚ^{11}ɕi^{11}fɚ^{11}$]：儿媳妇。

姑娘[$ku^{45}liaŋ^{45}$]：女儿。

女婿[$ly^{53}ɕy^{35}$]

孙娃儿[sən^{45}øuɚ^{11}]：孙子。
重孙儿[tshon^{11}sɚ^{45}]：重孙子。
侄娃儿[tʂʅ^{11}øuɚ^{11}]：侄子。
外侄[øuai^{35}tʂʅ^{11}]：外甥。
外孙[øuai^{35}sən^{45}]：外孙。
两口子[liaŋ^{53}khəu^{53}tsɿ^{0}]：夫妻的合称。
男人[lan^{11}ʐən^{11}]：丈夫的叙称。
女人[ly^{53}ʐən^{11}]：妻子的叙称。
名字[min^{11}tsɿ^{0}]
诨名儿[xon^{35}miɚ^{11}]：绰号。

十、农 工 商 文

(一)农业

做事[tsu^{35}sɿ^{35}]：干活儿。
事[sɿ^{35}]：事情。
插秧[tʂha^{11}øiaŋ^{45}]
收谷子[ʂəu^{45}ku^{53}tsɿ^{53}]：割稻。
种菜[tʂon^{35}tshai^{35}]
犁田的[li^{11}thin^{11}ti^{0}]：犁(名词)。
挖锄[øua^{11}tshu^{11}]：锄头。
镰刀[lin^{11}tau^{45}]
把把儿[pa^{35}pɚ^{0}]：把儿。
扁担[pin^{53}tan^{35}]
箩筐[lo^{11}khuan^{45}]
筛子[ʂai^{45}tsɿ^{53}]
撮箕[tsho^{11}tɕi^{45}]：簸箕，农具，有梁的。
簸箕[po^{53}tɕi^{45}]：簸米用的簸箕。
独轮车[tu^{11}lən^{11}tʂhe^{45}]
轮子[lən^{11}tsɿ^{53}]

碓子[tei^{35}tsɿ^{53}]：碓。
石臼[ʂɿ^{11}tɕiəu^{35}]：臼。
磨[mo^{11}]：磨(名词)。
年岁[lin^{11}sei^{35}]：年成。

(二)工商业

跑江湖[phau^{53}tɕiaŋ^{45}xu^{11}]：走江湖。
打工[ta^{53}kon^{45}]
钳子[tɕhin^{11}tsɿ^{53}]
螺丝刀[lo^{11}sɿ^{45}tau^{45}]
锤锤儿[tʂhuei^{11}tʂhuɚ^{11}]：锤子。
钉子[tin^{45}tsɿ^{0}]
绳子[ʂən^{11}tsɿ^{53}]
棍棍儿[kuən^{35}kuɚ^{0}]：棍子。
做生意的[tsu^{35}sən^{45}øi^{45}ti^{0}]：做买卖。
铺子[phu^{35}tsɿ^{53}]：商店。
馆子[kuan^{53}tsɿ^{53}]：饭馆。
旅社[ly^{53}ʂe^{35}]：旅馆。
贵[kuei^{35}]
相应[ɕiaŋ^{45}øin^{45}]：便宜。
划算[xua^{11}suan^{35}]：合算。
有少的[øiəu^{53}ʂao^{53}ti^{0}]：折扣。
折本[ʂe^{11}pən^{53}]：亏本。
钱/钱儿[tɕhin^{11}/tɕhiɚ^{11}]：钱。
零钱儿[lin^{11}tɕhiɚ^{11}]：零钱。
分子钱[fən^{45}tsɿ^{53}tɕhin^{11}]：硬币。
本钱[pən^{53}tɕhin^{11}]
工钱[kon^{45}tɕin^{11}]
路费[lu^{35}fei^{35}]
用[øion^{35}]：花钱的花。
赚[tʂuan^{35}]

挣[tsən^{35}]

该[kai^{45}]：欠。

算盘[suan^{35}phan^{11}]

秤[tʂhən^{35}]：秤的统称。

称[tʂhən^{45}]：用秆秤称的动作。

上街/街上去[ʂan^{35}kai^{45}/ kai^{45}ʂan^{35}tɕhie^{35}]：赶集。

(三)文化娱乐

学校[ɕio^{11}ɕiau^{35}]：学校的统称。

教室[tɕiau^{35}ʂʅ^{11}]：教室的统称。

上学[ʂan^{35}ɕio^{11}]

放学[fan^{35}ɕio^{11}]

考试[khau^{53}ʂʅ^{11}]

书包[ʂu^{45}pau^{45}]

本子[pən^{53}tsɿ^{53}]：练习本的统称。

铅笔[tɕhin^{45}pi^{11}]

靛笔[tin^{35}pi^{11}]：钢笔。

圆珠笔[øyn^{11}tʂu^{45}pi^{11}]

毛笔[mau^{11}pi^{11}]

墨[mie^{35}]

砚台[øin^{35}thai^{11}]

信[ɕin^{35}]：书信的统称。

画册子[xua^{35}tʂhe^{35}tsɿ^{35}]：连环画。

躲蒙蒙儿[to^{53}mon^{53}mɚ^{11}]：捉迷藏。

跳绳[thiau^{35}ʂən^{11}]

卷儿[tɕyɚ^{35}]：毽子。

风斗儿[fon^{45}tɚ^{45}]：风筝。

舞狮子[øu^{53}sɿ^{45}tsɿ^{53}]：舞狮。

炮出儿[phau^{35}tʂuɚ^{11}]：鞭炮。

唱歌儿[tʂan^{35}kuɚ^{45}]：唱歌。

演戏[øin^{53}ɕi^{35}]

锣鼓[lo^{11}ku^{53}]
二胡[øɚ^{35}xu^{11}]
笛子[ti^{11}tsɿ^{53}]
划拳[xua^{11}tɕhyn^{11}]
下棋[ɕia^{35}tɕhi^{11}]
打牌[ta^{53}phai^{11}]：打扑克。
打麻将[ta^{53}ma^{11}tɕiaŋ^{35}]
变魔术[pin^{35}mo^{11}ʂu1]
讲故事[tɕiaŋ^{53}ku^{35}sɿ^{35}]
猜谜子[tshai^{45}mi^{35}tsɿ^{53}]：猜谜语。
玩[øuan^{11}]：玩儿。
煞人户[ʂa^{35}ʐən^{11}xu^{35}]：串门儿。
走亲戚[tsəu^{53}tɕhin^{45}tɕhi^{0}]

十一、动作行为

（一）具体动作

看[khan^{35}]
听[thin^{45}]
闻[øuən^{11}]
呼[xu^{45}]：吸气。
撑[tshən^{45}]：睁。
闭[pi^{35}]：闭眼的动作。
眨[tʂa^{53}]
张[tʂan^{45}]：张嘴的动作。
闭[pi^{35}]：闭嘴的动作。
拗[øau^{53}]：咬。
嚼[tɕiau^{11}]
吞[thən^{45}]：咽下去的动作。
舔[thin^{53}]

含[xan^{11}]：在口中的动作。

打啵[ta^{53}po^{45}]：亲嘴。

唆[so^{11}]：吮吸。

吐[thu^{53}]：上声，把东西吐出来。

毁哒[xuei^{53}ta^{0}]：去声，呕吐。

打□□[ta^{53}fən^{35}tɕhio^{11}]：打喷嚏。

拿[la^{11}]

给[ke^{45}]

摸[mo^{45}]

摛[tʂʅ^{45}]：伸。

抓[tʂua^{45}]：挠痒的动作。

掐[kha^{11}]

揪[tɕiəu^{11}]：拧螺丝的动作。

揪[tɕiəu^{11}]：拧毛巾的动作。

捻[lin^{53}]：大拇指与食指搓动的动作。

搣[mie^{45}]：用手掰开的动作。

剥[po^{11}]：剥花生的动作。

撕[sɿ^{45}]

板[pan^{45}]：把树枝折断的动作。

扯[tʂhe^{53}]：拔萝卜的动作。

摘[tse^{11}]

站[tʂan^{35}]

靠[khau^{35}]：倚。

跩[tʂuai^{45}]：蹲。

坐[tso^{35}]

蹦[pon^{35}]：青蛙跳起来的动作。

垮[kha^{11}]：迈。

踩[tʂhai^{53}]

翘[tɕiau^{45}]：上翘的动作。

弯[øuan^{45}]：弯腰的动作。

挺[thin^{53}]

趴[pha^{45}]

爬[pha^{11}]

走[tsəu^{53}]

跑[phau^{53}]

跑哒[phau^{53}ta^{0}]：小偷逃走的动作。

撵[lin^{53}]：追小偷的动作。

捉[tʂo^{45}]：抓小偷的动作。

抱[pau^{35}]

背[pei^{45}]：背孩子的动作。

扶[fu^{11}]：搀。

推[thei^{45}]

跶倒[ta^{11}tau^{53}]：摔。

撞[tʂhuan^{53}]

遮倒哒[tʂe^{45}tau^{53}ta^{0}]：挡。

躲[to^{53}]：躲藏的动作。

收[ʂəu^{45}]：藏起来的动作。

放[fan^{35}]

码[ma^{53}]：把砖摞起来的动作。

埋[mai^{11}]

盖[kai^{35}]：盖茶杯的动作。

压起[øia^{35}tɕhi^{53}]：压的动作。

按[øan^{35}]：摁。

戳[tʂho^{11}]：捅鸟窝的动作。

插[tʂha^{45}]

戳[tʂho^{11}]

砍[khan^{53}]

剁[to^{35}]

铐[khau^{35}]：削苹果的动作。

龇[se^{45}]：裂开。

疭[tson^{35}]：皱。

烂哒[lan^{35}ta^{0}]：腐烂。

揩[$khai^{45}$]：用毛巾擦脸的动作。

空[$khon^{45}$]：把碗里的剩饭倒掉的动作。

甩[$ʂuai^{53}$]：丢弃的动作。

甩[$ʂuai^{53}$]：投掷。

掉下来[$tiau^{35}$]

滴[tia^{11}]：滴水的动作。

搞丢哒[$kau^{53}tiəu^{45}ta^{0}$]：丢失的动作。

找[$tʂau^{53}$]：寻找的动作。

捡[$tɕin^{53}$]

提[$thia^{11}$]

挑[$thiau^{45}$]

捞[lau^{53}]：扛。

抬[$thai^{11}$]

肘[$tʂəu^{53}$]：举。

撑[tshən]

撬[$tɕhiau^{35}$]

选[$ɕyn^{53}$]：挑选的动作。

捡一下[$tɕin^{53}øi^{11}xa^{0}$]：收拾。

刷[$ʂua^{45}$]：挽的动作。

涮[$ʂuan^{35}$]

洗[$ɕi^{53}$]

捉[$tʂo^{45}$]：捞鱼的动作。

拴[$ʂuan^{45}$]

捆[$khon^{53}$]

解[kai^{53}]：解开。

搬[pan^{45}]：挪。

端[tan^{45}]

跶哒[$ta^{11}ta^{0}$]：摔。

掺[$tʂan^{45}$]

烧[$ʂau^{45}$]

拆[$tshe^{11}$]

转[tʂuan^{53}]：转圈的动作。

捶[tʂhuei^{11}]

打[ta^{53}]

打架[ta^{53}tɕia^{35}]

休息[ɕiəu^{45}ɕi^{11}]

打豁先[ta^{53}xo^{45}ɕin^{45}]：打哈欠。

参瞌睡[tshan^{45}kho^{11}ʂuei^{35}/tshuan^{45}kho^{11}ʂuei^{35}]：打瞌睡。

睡[ʂuei^{35}]

打鼾[ta^{53}xan^{45}]：打呼噜。

做梦[tsu^{35}mon^{35}]

起来[tɕhi^{53}lai^{11}]：起床。

刷牙[ʂua^{11}øia^{11}]

洗澡[ɕi^{53}tsau^{53}]

开饭[khai^{45}fan^{35}]

解大手[kai^{53}ta^{35}ʂəu^{53}]：拉屎。

(二)抽象动作

想[ɕiaŋ^{53}]：思索的动作。

欠[tɕin^{35}]：想念的动作。

准备[tʂuən^{53}pei^{35}]：打算。

记得[tɕi^{35}te^{11}]

搞忘记哒[kau^{53}øuan^{35}tɕi^{35}ta^{0}]：忘记。

怕[pha^{35}]

相信[ɕiaŋ^{45}ɕin^{35}]

愁[tshəu^{11}]：发愁。

过细[ko^{35}ɕi^{35}]：小心。

喜欢[ɕi^{53}xuan^{45}]

讨嫌[thau^{53}ɕin^{11}]：讨厌。

舒服[su^{45}fu^{11}]

不舒服[pu^{11}su^{45}fu^{11}]：生理上的难受。

不好受[pu^{11}xau^{53}ʂəu^{35}]：心理上的难过。

高兴[kau^{45}çin^{35}]

使气[ʂʅ^{53}tɕhi^{35}]：生气。

怪[kuai^{35}]：责怪。

后悔[xəu^{35}xuei^{53}]

妒忌[tu^{35}tɕi^{11}]：忌妒。

怕丑[pha^{35}tʂhəu^{53}]：害羞。

不要脸[pu^{11}øiau^{35}lin^{53}]：丢脸。

欺负[tɕhi^{45}fu^{45}]

装[tʂuan^{45}]：假装。

疼[thən^{11}]：疼小孩的动作。

要[øiau^{35}]：想要拥有的动作。

有[øiəu^{53}]

没得[mei^{11}te^{11}]：没有拥有。

是[ʂʅ^{35}]

不是[pu^{11}ʂʅ^{35}]

在[tsai^{35}]

不在[pu^{11}tsai^{35}]

晓得[çiau^{53}te^{11}]：知道。

不晓得[pu^{11}çiau^{53}te^{11}]：不知道。

懂[ton^{53}]：懂英语的动作。

不懂[pu^{11}ton^{53}]

会[xuei^{35}]：能愿动词。

不会[pu^{11}xuei^{35}]

认得[ʐən^{35}te^{11}]：认识。

不认得[pu^{11}ʐən^{35}te^{11}]：不认识。

可以[kho^{53}øi^{53}]：行，答应语。

不行[pu^{35}çin^{11}]

愿意[øyn^{35}øi^{35}]：肯，能愿动词。

应该[øin^{35}kai^{45}]

可以[kho^{53}øi^{53}]

(三)言语

说[ʂo^{45}]：说话的动作统称。
话[xua^{35}]
日白[zʅ^{35}pe^{11}]：聊天儿。
喊[xan^{53}]：邀约。
扯筋[tʂhe^{53}tɕin^{45}]：吆喝。
哭[khu^{45}]
噘[tɕye^{11}]：骂。
吵架[tʂhau^{53}tɕia^{35}]
忽[xu^{45}]：骗人的动作行为。
吓[xe^{11}]：哄。
扯谎日白[tʂhe^{53}xuan^{53}zʅ^{35}pe^{11}]：撒谎。
吹牛麻屄[tʂhuei^{45}liəu^{11}ma^{11}phi^{45}]：吹牛。
舔肥大胯[thin^{53}fei^{11}ta^{35}khua^{53}]：拍马屁。
和闲儿[xo^{11}ɕiɚ^{11}]：开玩笑。
说[ʂo^{45}]：告诉。
劳慰[lau^{11}øuei^{35}]：谢谢。
对不起[tei^{35}pu^{11}tɕhi^{53}]
再见[tsai^{35}tɕin^{35}]

十二、性质状态

(一)形貌

大[ta^{35}]：体积或年龄大。
小[ɕiau^{53}]：体积或年龄小。
粗[tshu^{45}]
细[ɕi^{35}]
长[tʂhan^{11}]：长度长。
短[tan^{53}]：长度不长。

长[tʂhan^{11}]：时间长。
短[tan^{53}]：时间不长。
宽[khuan^{45}]
宽朝[khuan^{45}tʂau^{11}]：宽敞。
窄[tse^{11}]
高[kau^{45}]：飞行的高度高。
矮[øai^{53}]：飞行的高度低。
高[kau^{45}]：身长。
矮[øai^{53}]：身短。
远[øyn^{53}]
近[tɕin^{35}]
深[ʂən^{45}]
浅[tɕhin^{53}]
清[tɕhin^{45}]
浑[xuən^{45}]
圆[øyn^{11}]
瘪[pie^{53}]：扁。
四四方方的[sɿ^{35}sɿ^{35}fan^{45}fan^{45}ti^{0}]：方。
尖[tɕin^{45}]
平[phin^{11}]
肥[fei^{11}]：肥肉的肥。
瘦[səu^{35}]：瘦肉的瘦。
肥[fei^{11}]：动物肥。
胖/肥[pan^{35}/fei^{11}]：人肥胖。
瘦[səu^{35}]：人或动物的瘦。
黑[xe^{11}]：黑色。
白[pe^{11}]
红[xon^{11}]
黄[xuan^{11}]
蓝[lan^{11}]
绿[lu^{35}]

紫[tsɿ^{53}]
灰[xuei^{45}]

(二)状态

多[to^{45}]
少[ʂau^{53}]
重[tʂon^{35}]
轻[tɕhin^{45}]
直[tʂʅ^{11}]
陡[təu^{53}]
弯[øuan^{45}]
歪[øuai^{45}]
厚[xəu^{35}]
薄[po^{11}]
干[kan^{45}]：稀饭稠。
稀[ɕi^{45}]：饭煮得稀。
密[mi^{11}]
开[khai^{45}]：植物之间的距离稀。
亮[liaŋ^{35}]
黑[xe^{11}]：光线黑暗。
热[ʐe^{35}]
热和[ʐe^{35}xo^{11}]：暖和。
凉快[liaŋ^{11}khuai^{35}]：天凉的凉。
冷[lən^{53}]：天冷的冷。
热[ʐe^{35}]：热水的热。
冷[lən^{53}]：凉水的凉。
干哒[kan^{45}ta^{0}]：干燥。
湿[ʂʅ^{11}]
干净[kan^{45}tɕin^{45}]
色来/来来[se^{35}lai^{45}/lai^{45}lai^{0}]：脏。
快[khuai^{35}]：锋利。

不快[pu^{11}khuai^{35}]：钝。

快[khuai^{35}]：速度快。

慢[man^{35}]：速度慢。

早[tsau^{53}]：来得早的早。

暗[øan^{35}]：来得晚的晚。

黑[xe^{45}]：天晚。

松[son^{45}]

紧[tɕin^{53}]

简单[tɕin^{53}tan^{45}]：题目容易。

难[lan^{11}]：题目不容易。

新[ɕin^{45}]

旧[tɕiəu^{35}]

老[lau^{53}]：老人的老。

年轻[lin^{11}tɕhin^{45}]

软[ʐuan^{53}]

硬[øən^{35}]

糊[xu^{11}]

扎实[tʂa^{11}ʂʅ^{11}]：家具结实。

破[pho^{35}]：衣服破。

富[fu^{35}]

穷[tɕhion^{11}]

忙[man^{11}]

没得事[mei^{11}te^{11}sɿ^{35}]：闲。

累[lei^{35}]

疼[thən^{11}]：身体疼痛。

痒[øiaŋ^{53}]

热闹[ʐe^{35}lau^{35}]

熟得很[ʂu^{11}te^{11}xən^{53}]：熟悉。

不晓得[pu^{11}ɕiau^{53}te^{11}]：对环境很陌生。

气色[tɕhi^{35}se^{35}]：味道。

气味[tɕhi^{35}øuei^{35}]

咸[xan^{11}]
淡哒[tan^{35}ta^{0}]：口味淡。
酸[san^{45}]
甜[thin^{11}]
苦[khu^{53}]
辣[la^{11}]
鲜[ɕyn^{45}]：味道鲜美。
香[ɕiaŋ^{45}]
臭[tʂhəu^{35}]
馊臭[sɿ^{45}tʂhəu^{35}]：馊。
胮臭[phan^{45}tʂhəu^{35}]：腥。

(三)品性

好[xau^{53}]
拐[kuai^{53}]：坏人。
瞥[phie^{45}]：东西质量差。
对炯[tuei^{35}tɕion^{11}]：账目正确。
不对炯[pu^{11} tuei^{35}tɕion^{11}]：账目不正确。
标致[piau^{45}tʂʅ^{35}]：形容年轻女性漂亮。
丑[tʂhəu^{53}]
勤快[tɕhin^{11}khuai^{35}]
懒[[lan^{53}]
听话[tin^{45}xua^{35}]：乖。
调皮[thiau^{11}phi^{11}]：顽皮。
子本[tsɿ^{53}pən^{35}]：老实。
哈[xa^{53}]：傻。
苕[ʂau^{11}]：笨。
大方[ta^{35}fan^{45}]
区眉小眼儿[tɕhy^{45}mei^{11}ɕiau^{53}øiɚ^{53}]：小气。
耿直[kən^{53}tʂʅ^{11}]：直爽。
犟[tɕiaŋ^{35}]

十三、数　量

（一）数字

一［$øi^{11}$］
二［$øɚ^{35}$］
三［san^{45}］
四［$sɿ^{35}$］
五［$øu^{53}$］
六［lu^{35}］
七［$tɕhi^{11}$］
八［pa^{11}］
九［$tɕiəu^{53}$］
十［$ʂʅ^{11}$］
二十［$øɚ^{35}ʂʅ^{11}$］
三十［$san^{45}ʂʅ^{11}$］
一百［$øi^{35}pe^{53}$］
一千［$øi^{35}tɕin^{45}$］
一万［$øi^{35}øuan^{35}$］
一百零五［$øi^{11}pe^{53}lin^{11}øu^{53}$］
一百五［$øi^{11}pe^{53}øu^{53}$］：一百五十。
第一［$ti^{45}øi^{11}$］
二两［$øɚ^{35}liaŋ^{53}$］
几个［$tɕi^{53}ko^{0}$］
你们两个［$li^{53}mən^{11}liaŋ^{53}ko^{0}$］：俩。
你们三个［$li^{53}mən^{11}san^{45}ko^{0}$］：仨。
个把子［$ko^{35}pa^{0}tsɿ^{0}$］：个把。

（二）量词

个［ko^{35}］：一个人。

匹[phi^{11}]：一匹马。

条[thiau^{11}]：一条牛。

头[thəu^{11}]：一头猪。

个[ko^{35}]：一个狗娃儿。

个[ko^{35}]：一个鸡子。

个[ko^{35}]：一个蚊子。

条[thiau^{11}]：一条鱼。

条[thiau^{11}]：一条蛇。

张[tʂan^{45}]：一张嘴。

张[tʂan^{45}]：一张桌子。

床[tʂuan^{11}]：一床被子。

床[tʂuan^{11}]：一床席子。

双[ʂuan^{45}]：一双鞋子。

把[pa^{53}]：一把刀。

捆[khon^{53}]：一捆绳子。

根[kən^{45}]：一根绳子。

根儿[kɚ^{45}]：一根儿毛笔。

副[fu^{35}]：一副眼镜。

块[khuai^{53}]：一块镜子。

块[khuai^{53}]：一块肥皂。

辆[liaŋ^{53}]：一辆车。

座[tso^{35}]：一座桥。

栋[ton^{35}]：一栋房子。

条[thiau^{11}]：一条河。

条[thiau^{11}]：一条路。

棵[kho^{45}]：一棵树。

朵[to^{53}]：一朵花。

颗[kho^{45}]：一颗珠子。

颗[kho^{53}]：一颗米。

顿[tən^{35}]：一顿饭。

副[fu^{35}]：一副中药。

股[ku53]：一股香味。
行[xan11]：一行字。
块[khuai53]：一块钱。
角[tɕio53]：一角钱。
件[tɕin35]：一件事情。
滴个儿[ti45kɚ45]：一滴个儿。
些[ɕie45]：一些东西。
哈[xa53]：一哈(动量)。
一哈哈儿/一哈儿[øi11xa45xɚ45/øi11xɚ45]：一会儿。
顿[tən35]：打一顿。
阵[tʂən35]：一阵雨。
趟[than35]：一趟。

十四、代副介连词

(一)代词

我[øo53]
你[li53]
你儿[li53øɚ11]：您，尊称。
他[tha45]
我们[øo53mən0]：我们，不包括听话人。
我们[øo53mən0]：我们，包括听话人。
你们[li53mən0]
他们[tha45mən45]
我们[øo53mən0]：大家一起。
个人[ko11ʐən11]：自己。
别个[pie11ko35]：别人。
我老汉儿/我老头儿[øo53lau53xɚ0/øo53lau53thɚ11]：我爸。
你老汉儿/你老头儿[li53lau53xɚ0/li53lau53thɚ11]：你爸。
他老汉儿/他老头儿[tha45lau53xɚ0/tha45lau53thɚ11]：他爸。

勒个[le^{35}ko^{0}]：这个。
那个[na^{35}ko^{0}]
哪一个[la^{53}øi^{11}ko^{0}]：哪个。
哪个[la^{53}ko^{35}]：谁。
这里[tʂe^{35}li^{45}]
那里[la^{35}li^{45}]
哪里[la^{53}li^{45}]
恁门个[lən^{35}mən^{0}ko^{0}]：这样。
那门个[la^{35}men^{0}ko^{0}]：那样。
哪号的[lai^{53}xau^{45}ti^{0}]：什么样的。
恁门[lən^{35}mən^{11}]：这么。
哪门[lan^{53}mən^{45}]：怎么。
什门[ʂən^{11}mən^{45}]：什么。
么子[mo^{53}tsɿ^{45}]：你找什么。
那门[la^{53}mən^{45}]：为什么。
搞么子[kau^{53}mo^{53}tsɿ^{45}]：干什么。
好多[xau^{53}to^{45}]：多少。

(二)副词

蛮[man^{11}]：很。
好[xau^{53}]：非常，比上条程度要高。
还要[xai^{11}øiau^{35}]：更。
好[xau^{53}]：太。
最[tsuei^{35}]
寡[kua^{53}]：表示单一，没有别的选择。
消乎儿[ɕiau^{45}xuɚ^{45}]：险些、差点儿。
偏生[phin^{45}sən^{45}]：偏偏、偏要。
生怕[sən^{45}pha^{35}]：唯恐、很怕。
哈儿[xɚ^{53}]：都。
伙起[xo^{53}tɕhi^{53}]：一共。
一起[øi^{11}tɕhi^{53}]

只［tʂʅ^{53}］

刚刚［kan^{45}kan^{45}］：刚好。

将将［tɕiaŋ^{45}tɕiaŋ^{0}］：刚，表示时间。

才［tshai^{11}］

就［tɕiəu^{35}］

扯常［tʂhe^{53}tʂhan^{11}］：经常。

又［øiəu^{35}］

还［xai^{11}］

再［tsai^{35}］

也［øie^{53}］

横直［xon^{11}tʂʅ^{11}］：反正。

没［mei^{35}］：没有，否定副词。

不［pu^{11}］

莫［mo^{11}］：别。

莫［mo^{11}］：甭。

要［øiau^{35}］：天快亮了。

差点儿［tʂha^{45}tiɚ^{53}］

就是要［tɕiəu^{35}ʂʅ^{45}øiau^{35}］：宁可。

故意［ku^{35}øi^{45}］

随便［suei^{11}pin^{35}］

白［pe^{11}］：白来。

肯定［khən^{53}tin^{35}］

可能［kho^{53}lən^{11}］

一边［øi^{11}pin^{45}］

（三）介词和连词

跟［kən^{45}］：我跟他都姓王。

跟［kən^{45}］：我昨天跟他去城里了。

对［tuei^{35}］

朝［tʂhau^{11}］：朝东走。

找［tʂau^{53}］：找别人借书。

照[tʂau^{35}]：按照。

帮[pan^{45}]：替。

要是[øiau^{35}ʂʅ^{35}]：如果。

管得[kuan^{53}te^{0}]：不管。

几点说明：

1. 根据上述建始城区方言分类词汇的分析，建始方言词汇中表示动作行为的词语后边一般都可以加上“哒”，表示动作行为已经完成。如“下雨哒”“天亮哒”“病哒”“吊气哒”。

2. 建始方言词汇中名词“子”尾现象比较丰富，如“老鼠子”“开铲子”“热水袋子”“狗子”“猫子”“去年子”等。“子”尾的名词大多表示主观小量，如“儿娃子”“女娃子”“手套子”“挖耳子”，即表示主观上认为细微细小的事物或人物；有时用于指称人时还包含有怜惜怜爱的情感色彩，如“媳妇子”“老妈子”“老头子”“寡母子”“弟娃子”(弟弟)；还有的仅仅只是凑足音节，如“茶叶子”“前年子”“后年子”“上前年子”等。

3. 建始方言词汇中有“儿”尾与儿化两种情况。“儿”尾主要用于单音节名词之后，保留本来的意义和音节，不儿化，表示客观小量，如“崽崽儿”“锅儿”“猫儿”“猪儿”。建始方言中儿化的现象比较多，如“男娃儿”“女娃儿”“男猫儿”“女猫儿”“蚌壳儿”“檐老鼠儿”“背心儿”“广椒面儿”“飞蛾儿”“香菌儿”“脸巴儿”等，主要表示细微、细小、喜爱、喜欢的感情色彩；“□mie^{11}李儿(李子)”“菌儿”“ □phu^{11}荠儿(荸荠)”“洋叮叮儿”“爹妈老汉儿”“口水儿”等除了表示细微、细小的情感色彩以外，还有凑足音节、使音韵顺畅和谐的作用。

第三章　建始方言词语例释

一地方言，除了其具有与普通话不同的发音状况之外，更形象的特点还在于拥有与普通话不同的地方词汇，体现出本地区鲜明的地域特色和文化色彩。以下选收了建始方言中一些具有明显特征的词汇，如“投人”“吐枇杷籽籽”“阴倒/阴倒起”“广椒面儿”等。另外，还选收了一些其他方言中也使用，但在建始当地方言区域中另有其他含义的词汇，如“二黄/二黄腔”“粑粑”“锤子”等。本书所收词条，按照词性或词义，大致进行了分类，同一类中又分组，以便于读者分析比较。所选词汇正文内容包括：词条；该词在建始方言中的读音(用国际音标标注)；释义；用法举例。在释义时，对该词条与普通话意义相同的本义不再做出解释，只对其建始方言意义进行解释；一词多义者，分别举例进行解释。例句力求准确、生动、富有当地生活气息。由于方言固有的特点，举例当中不可避免地出现当地方言中的詈语或粗口恶语，本书只是将其作为语言符号纯粹地记录下来，无宣扬展示之意。

耍赖皮·嚼牙包骨·磨经

耍赖皮[ʂua^{53}lai^{35}phi^{11}]

即耍赖，赖账，不讲信用。一般多用于小孩儿玩耍游戏以不正当方式取胜或小孩儿对他人承诺后事后不承认，有时也用于成人之间的人际交往，表示对对方不讲信用行为的指责和瞧不起。

例一：两小孩儿玩跳棋游戏，一方多次悔棋，另一方忍无可忍，对对方说："你净要赖皮，老是恁门和搞，不和你玩哒！"

例二：甲乙二人因经济问题发生纠纷，第三方知情者将双方劝开，将一方拉走，边走边说："莫惹那号的，成天要赖皮，那些钱就算哒，拿钱买教训！"

嚼牙包骨[tɕiau^{11}øia^{11}pau^{45}ku^{53}]

指捕风捉影，说些没有任何事实根据的事，类似于普通话里的"瞎说、瞎扯"。有多种用法：一是指说话不着边际，胡编乱造，肆意中伤，多用于对长舌女性的批评；二是指多人开玩笑，随便聊天，多带有戏谑色彩；三是指吹牛。

例一：张三一向游手好闲，他对某熟人说他发现了另一人的一些桃色事件，李四在一旁正色训道："你又在这嚼牙包骨，别人走得正行得端，你又吃多哒没得事做，成天说东说西！"

例二：夏天晚饭后，街坊邻居一起在外纳凉，聊到老王家的儿子谈了一个女朋友，老王家的还不确认儿子是否谈了女朋友，对邻居说道："尽嚼牙包骨，我儿子正在拼事业呢。"

例三：老周跟同事吹牛说，他小时候到北京看见过毛主席，老赵当面揭穿他说："你莫在这里嚼牙包骨，我们从小一起街坊邻居五十多年，你哪个时候儿去过北京？"

磨经[mo^{11}tɕin^{45}]

有两层意思：一是指不办正事，一味纠缠一些别的事情或细枝末节的小事；二是引申为交涉、商讨。

例一：在菜场里，买卖双方为一点小零钱争得面红耳赤，引起后边排队购买的顾客的严重不满，有人言道："你们这些人，块把两块钱的事，紧倒在这磨经，快点儿结账哒完事喔！"

例二：甲乙双方就某一问题迟迟达成不了一致，甲对乙说："今天上午我们都说不清楚，下午我们再找个地方磨哈经，万一谈不拢那就没得办法哒，要不要得？"

嘚·掣·打和和声

嘚[te^{53}]

指冒失、幼稚、恶作剧、得意忘形、自我陶醉、目中无人，与东北话的“得瑟”意义相类似，但在建始方言中多用单音节，有时也可构成双音节或多音节结构，如“嘚相”“嘚巴儿”“ 嘚头日脑”等。

例一：小朋友们聚在一起喜欢互相打闹蹦跳嬉戏，一不小心磕了摔了，大人就要假装生气地对小朋友说道：“嗯，嘚嘛，跶倒了啊，以后还嘚不嘚啊!”此句中的“嘚”指的是“冒失”的意思。

例二：某人工作上做出了一些成就，或在物质生活上有了一定的改善，个人主观上有了骄傲情绪、自负情感，作为长辈的家人总会时时提醒此人：“听你的同事和朋友说，你最近一时候有些嘚，工作上事业上有了起色，高兴是可以的，但还是不要太嘚很哒。做人要低调点儿啊!”

“嘚相”“嘚巴儿”“嘚头日脑”都是在“嘚”的基础上组合而来的，分别指的是“傻样子”“傻子”“傻头傻脑”。

例三：甲乙双方聊闲天，说道：“你看老李家屋里那个嘚巴儿出去相亲的时候儿嘚头日脑的小气得要死，把别个姑娘娃儿气得要死，一副嘚相，估计再没得哪个跟他介绍朋友哒。”

掣[$tʂe^{53}$]

指自我显示、显摆、夸耀。

例一：某人发了财，聊天时故意炫耀自己家很有钱，诋毁别人家没钱，不大方。同事就会在背后议论：“掣个屁！不就是发啊点财嘛，怎么不说自己以前六月天穿灯草绒的日子?”

例二：某美女穿了一条新买的裙子去上班，到其他科室串门。大家纷纷开玩笑道：“难怪来我们科室啊，原来是来掣身上的新裙子啊!”

打和和声[$ta^{53}xo^{35}xo^{35}ʂən^{45}$]

指随声附和，没有主见，随大流。使用时有两种情况：一是用于主观故意行为，有明显的贬义；二是用于没有明显意图的行为，无所谓褒贬。

例一：工作单位集体讨论工作计划时，老王从来都没有发表过自己的意见，总是附和其他同事的意见和想法，领导批评他道："你就是打和和声，做老好人，从来不说句话。"

例二：某单位职工奉命全体出动参加万人签名活动，甲和乙不想去参加这种形式主义的活动，但又不得不去，互相安慰道："反正是集体活动，我们两个跟到去打个和和声签个字就行了。"

好事・将就・做作

好事[$xau^{53}sɿ^{35}$]

指不正常、不合理的回报。有多种用法：一是用于非诚心的应付式回报；二是指白白给了别人，便宜了别人；三是指背着公众悄悄地给予；四是有时用于自黑自嘲。

例一：乙家的小孩子父亲出差，小孩子凌晨高烧，母亲吓得六神无主，邻居一位大爷听到动静，义无反顾地将小孩子送到医院抢救。事后，小孩子的父亲回来了，很淡定很简单地对老大爷点了个头。老大爷的儿子奚落大爷："这就是你的好事啊，别人拿芭蕉叶子来谢你，晓得你姓邱？"

例二：某对夫妻长年在各自不同的城市工作，属于典型的周末夫妻，面对成堆的火车票，妻子经常发牢骚道："我们两口子辛辛苦苦的一点加班费，结果都还是好事了铁道部。"

例三：王大叔与妻子是组合家庭，各人都有自己的子女，妻子却经常把夫妻之间的钱财悄悄给了自己的子女，邻居私底下议论道："老王攒的那几个钱，都好事她的老婆屋里的人哒。"

例四：小王炒股，把工作以来存的积蓄亏得差不多了，但又无能为力，也只好自黑自嘲道：“我这么多年的工资，就当全好事股市，交啊学费算哒。”

将就[$tɕiaŋ^{45}tɕiəu^{45}$]

有多种用法：一是指将就着、凑合着、应付着；二是指顺从别人、迁就他人；三是指利用有利条件做事。

例一：两个大龄男女青年经人介绍认识谈恋爱，双方感觉不好不坏，于是媒人就对双方说：“你们年纪都也不小哒，你们都还能找到更好的吗？找不到的话，就将就结婚吧，哪门过都不是过日子。”

例二：婚后，婆婆对儿媳的种种公主病深恶痛绝，经常对儿子说：“你不能么子事都将就她啊，有些事是她个人可以做的就要她个人做。”

例三：婆媳关系不和，婆婆一怒之下投奔女儿来了，遇到同龄的老人就诉苦道：“年纪大了，遭儿媳妇儿嫌弃，别的地方也没得去，只好将就姑娘这个地方落个脚哒。”

做作[$tsu^{35}tso^{11}$]

主要有两种意义：一是指破坏物品、浪费东西；二是指故意折腾人的有意或无意行为。

例一：某男没什么钱却又极其爱挥霍，妻子终于忍无可忍地说：“屋里那点家底，都被你做作光哒，我看这往后的日子怎么过。”

例二：老百姓到行政部门去办事，第一次去说缺证明，第二次去说还缺一个部门的公章，第三次去说还要办个合格证，老百姓私底下抱怨道：“哎，真是没过这么能做作人的部门啊！有事不能一次性说清楚嘛！”

例三：家里老人生病住院了，大女儿出差，只好小儿子先帮忙照顾老人。老人一会儿要上厕所，一会儿要喝水，一会儿要吃稀饭，一会儿嫌被子厚，一会儿嫌外边吵。小儿子手忙脚乱，耐心不够好，十分不乐意，给大姐打电话说：“姐，你快点回来，我硬是被做作得受不了哒，你回来我们换到照顾。”

流气·巴倒·啰黏·日噘·造孽

流气[liəu¹¹tɕhi³⁵]

指流氓习气，也指具有流氓习气的人，不分性别，以指男性居多，有时可用作“流里流气/流里流气的”。

例一：某男在公共场所以不雅动作调戏女生，女生怒斥道：“你这个流氓，你要是再流气，我就喊人报警哒！”

例二：某阿姨对另一阿姨说道：“你屋里的姑娘，怎么成天和一些流气的人来往，时间长哒，小心你的姑娘也变得流气哒！“

例三：某男好吃懒做，奇装异服，在公共场所举止不文明、行为不端，人们议论道：“你看他那个德性，流里流气的。”

巴倒[pa⁴⁵tau⁵³]

有两种用法：一是指缠着他人不放手；二是指事情本身麻烦，不好解决。

例一：某人反复缠着领导，要求解决其个人违背原则的私事。领导无可奈何地说：“你成天巴倒我也不是个办法，你这个事，我真的是一点办法都没得，再多说我就真的烦哒啊。”

例二：年底各种总结、各种汇报，办公室人员疲于应付，领导一催，科室人员说道：“这些事巴倒哒，甩都甩不脱，再怎么急，也得慢慢来。”

啰黏[lo⁵³lin¹¹]

有多种用法：一是指讨嫌、烦人，让人生厌；二是指纠缠他人；三是指做事不果断，拖沓懒散，婆婆妈妈。

例一：某人言语啰嗦、外貌猥琐，十分让人讨厌，同事们都道：“那个人好啰黏，我这一辈子都不想看到他，他个人也没得自知之明。”

例二：某人为做私事，找到领导想走后门开绿灯，领导说道：“这个事我早就说过哒，我们没得办法解决，你不要再这么啰黏哒，一点余地也没得的！”

例三：小孩子上小学，冬季起不了早床，起床后也慢悠悠地洗脸刷牙，出门时一会儿这没拿，一会那不要，尽耽误时间，家长批评道：“你看你，起个床、上个学，怎么这么啰黏！半在摸不出门！是不是不想上学哒！”

日噘[$\text{ʐʅ}^{35}\text{tɕye}^{11}$]

有两种用法：一是指让人恶心、心生厌恶之情；二是指寒碜、挖苦、奚落别人。

例一：某人非常小气，到别人家去喝喜酒后，邻居评价道：“他屋里硬是日噘人，送一百块礼钱，全家四个人去吃，吃完还把桌子上的打包。”

例二：甲乙两同学多年未见，如今重逢，甲对乙说：“你混得不错嘛，现在都是老总哒！”乙回复：“你莫那么日噘我嘛，什么老总，还不是跑腿到处拉业务，你倒是不错，当啊个领导。”甲说：“你又日噘起我来哒。”

造孽[$\text{tsau}^{35}\text{lie}^{11}$]

有两种用法：一是指事情陷入困境，进退两难；二是事态让人怜惜。

例一：老王的儿子要结婚了，女方要求买一套婚房，老王无可奈何地说道：“造啊孽，我们怎么拿得出来那么多钱来买屋，按女方的要求这婚那不是结不成哒嘛！”

例二：小孩子夏季到河里游泳溺水身亡，周边的群众说道：“造孽啊，这个娃娃儿的爸爸去年在工地上被砸伤啊脑壳，现在娃娃儿又淹死哒，哎，造孽啊！”

去豁·不在哒·窝憋·闷紧·转

去豁[$khe^{35}xo^{45}$]

指死了，多指非正式场合的调侃之语，可以调侃自我，也可调侃他人。

例一：某人大病初愈，朋友到医院去探望他时，他说道："多亏啊王医生，要不然我早就去豁哒。"

例二：甲乙二人关系非常友好，甲因意外事故住院，病情好转，乙去探视，为了缓和病房氛围，乙对甲打趣道："这么久没看到你，我还以为你去豁哒呢，没想到你在医院里享福嘛！"

不在哒[$pu^{11}tsai^{35}ta^{0}$]

在这里不是指的"不在某地没看到或没有了"的意思，指的是死了。

例如：两个老街坊在街上碰到了，相互问候之后，甲问乙："你屋里的婆婆还好吧？"乙回答道："唉，好几年前就不在哒。现在我跟到儿子媳妇儿一起过日子。"

窝憋[$øo^{45}pie^{53}$]

有三个不同的意思：一是指呆在、住在狭小的地方；二是指长期呆在一个令人感到压抑的地方；三是指因为受到委屈、打击等，有气窝在心里释放不出来。有时重叠为"窝窝憋憋"，词性转化为形容词，意为"马马虎虎、寒碜"。

例一：房改以前，住房非常紧张，往往全家三代同堂。老李提到以前的居住条件时就说："以前，我们全家六口人就窝憋单位的一个套间房里，厨房卫生间么子都没得。"

例二：白领小张跟同学聊天谈到自己的工作环境时说道："没得么子说场，上班就是窝憋在办公室里，一呆就是一整天，蛮不舒服。"

例三：小丽和男朋友分哒，心情很不好，朋友劝她说道："分哒就分哒嘛，长痛不如短痛，早点分手对你也是个好事，只是你莫为这个事窝憋出病来。"

例四：小本生意不好做，他还亏了本。过年了，亲戚送来过年物资安慰道："生意没做好就没做好嘛，年还是要过的，送点东西给你们，肯定和以前是没得比哒，将就哈，窝窝憋憋先过个年再说！"

闷紧[mən³⁵tɕin⁴⁵]

指遇到了不顺心的事，但又说不出道不明，心里非常委屈，与当下非常流行的"郁闷"很类似。"闷紧"与"窝憋"的第三个含义相近，只是使用的语境不相同。

例一：王老太从乡下来到城里儿子家，儿子儿媳妇儿白天上班，还没有孙子。王老太白天一个人在家，孩子们下班后，也没有什么共同语言。王老太经常跟其他老人们说："哎，一个人在这个城里住到，一个熟人都没得，每天过得好闷紧，我还是想回乡下老屋里。"

例二：小女孩考试没考好，心情极其不好，父母安慰道："没得事，莫太跟个人太多压力哒，我看你每天那么闷紧，我们全家出去玩一趟吧！"

转[tʂuan³⁵]

不同于普通话的"转动、旋转"之意，而有两层意思：一是指思考、琢磨，常用作"转不过筋来"或"转不过来"，意思是想不明白、琢磨不通；二是指原先一直没弄清楚明白的事情，突然间全明白或想通了。

例一：小明失恋了，朋友苦口婆心地劝说，让他看开些，但小明就是一条道走到黑，想不明白，死活缠到对方。朋友气愤地说："我们这些朋友好话歹话都说完哒，你哪门就是转不过筋来呢?"

例二：小王在放学路上忽然想起数学考试题里最后一个大题的解法，他兴奋而又惋惜地对同学说："闯啊鬼，刚才考试的时候儿想半天没想到解决方法，刚刚又一下子转过来哒！好可惜。”

易得混·过人·打殃·收脚迹

易得混[øi³⁵te¹¹xon³⁵]

指感叹时间过得快或流年易逝、岁月催人老，不带有贬义的色彩。

例一：王奶奶参加小刚的婚礼，说道：“真是易得混啊，眨个眼睛你都娶媳妇儿哒，也难怪我们都老哒。”

例二：小明下午一直在赶任务，但还是没赶完，转眼又要下班了，说道：“好易得混，我还没开始做么子，就要下班哒，晚上要加班哒。”

过人[ko³⁵ʐən¹¹]

指疾病有传染性，一般带有强烈的排斥色彩。

例如：小强班上人得了腮腺炎，妈妈叮嘱道：“你们班××得了抱耳风(腮腺炎)，你要注意点儿啊，那个病过人。”

打殃[ta⁵³øiaŋ⁴⁵]

指精神状态不好或身体有病，有时特指小孩身体不舒服。

例一：周大妈在家躺了好几天，今天出门对邻居说道：“哎，人一老就百事都上来哒，前几天身体不舒服，打殃，也没得么子病，在屋里睡啊好几天，今天就好些哒。”

例二：李奶奶对儿媳妇说：“明明这两天不怎么吃饭，好像在打殃，你们周末带他到医院去看看，细娃儿的事不是小事。”

收脚迹[ʂəu⁴⁵tɕio⁵³tɕi¹¹]

当地一种比较迷信的丧葬用语，指一个人去世前一晚，他的灵魂会把生前去过的地方重新再走一遍，向亲人故旧告别，所到之处都会有响动，猫狗等家畜都会发出叫声。

例如：老张早上收到亲人去世的消息，对老伴儿说："难怪昨晚我听到屋里好像有人走路，我就晓得肯定是他来收脚迹的，果不其然。"

拍屁股・快皮嘎旧・划不来

拍屁股[pie^{11}phi^{35}ku^{53}]

指走开，具体有多种意思：一是用于不友好的语境中让人离开，等同于普通话的"滚开"；二是用于平常语境中，意为"起身离开""走一边去"，使用时口气较前者轻，有时甚至是玩笑之语；三是用于自我解嘲，多有泄愤意味，有时可转用为"屁股一拍"；四是用于理应留下，却没有留下的语境之中，包含着说话人的不满情绪。

例一：双方纠缠于某一事项，一方仗着气力强劲对另一方道："你跟我快点拍屁股，免得老子动手。"

例二：一骗子在车上用易拉罐骗钱，有人看穿了他的把戏，对他说："快点拍屁股吧，等啊警察来哒，就不是这个样子哒。"

例三：甲乙二人有矛盾，在一次别人邀约的聚会上不期而遇，甲一看到乙起身就走，事后他对同事说："我一看到他，拍屁股/屁股一拍就走哒，眼不见心不烦。"

例四：产房前，全家都在等待医生消息，医生出来对家属说生了一个女儿，婆婆不高兴就走了。事后妈妈对女儿说道："你那个婆子妈，听到你生啊一个姑娘，拍屁股/屁股一拍就走哒，亏她做得出来。"

快皮嘎旧[øiaŋ^{45}phi^{11}ke^{53}tɕiəu^{35}]

指精神萎靡、兴致不高。水果蔬菜保鲜期较短，时间一长全都失去水分而变得难看，让人一看就没有购买的欲望，建始方言中借此来形容情绪低落、没有斗志的人。

例一：小张要结婚了，想向领导多请几天婚假外出旅游，领导只批了婚礼当天的假。回办公室后，同事打趣道："哪门搞的，这么快皮嘎旧的，不结婚哒？”

例二：儿媳妇儿生产了，婆婆来照料，但儿媳妇儿老是挑剔，对丈夫说道：“你妈手脚慢，快皮嘎旧的，做事不牢靠，还是要我个人的妈来吧。”

划不来[xua¹¹pu¹¹lai¹¹]

指犯不上、没必要、不值得。

例一：老张跟一个不讲理的人发生争执，十分生气，血压上升。朋友老李劝道：“你好苕啊，跟他那种人生气，气病哒算个人的，划不来。”

例二：李阿姨在一个餐馆里做保洁，工资不高，还经常受老板和顾客的刁难。老伴儿知道后说道：“为啊那么点把钱，受这么大的气，划不来，你能做就做下去，做不下去就算哒嘛！”

哈起·寡得慌·慎得慌

哈起[xa⁵³tɕhi⁵³]

没有具体可明说的意义，有两种用法：一是指事情正超出正常状态运行；二是连用，相当于普通话的“一边……一边……”。

例一：某家红白喜事，办这事前没有做明确的预算和估计，结果各项开支都超标并有大量物资浪费，家人事后说：“你那个老汉儿(爸爸)呢，搞么子事都是不算了一下，搞么子都是哈起哒搞，看嘛，这次又浪费那么多东西，他反正一点也不心疼。”

例二：公家单位的水龙头，经常被人拧坏，领导在会上批评道：“有些人想倒反正是的公家的，坏哒有公家出钱修，把个水龙头哈起哒揪[tɕiəu¹¹]，一点也不爱惜。”

例三：某人发现一骑自行车的人在前边掉了一只鸡，便捡起鸡一边喊一边追，骑车人没追上，某人最后只好笑纳了这只鸡，事后跟家人说道：“我哈起喊哈起追，那个人硬是没听到，我走路的跑不赢骑车的，只好把鸡子带回来哒。”

寡得慌[kua^{53}te^{0}huan^{45}]

有两种意义：一是指食物淡而无味，食用者没有胃口；二是指因长期素食，肚子里没有油水。

例一：老张生病了，医生吩咐家属只能给病人准备白米粥，老张对妻子说："吃啊半个多月的白稀饭，寡得慌，换个别的吃嘛。"

例二：小张在学校寄宿，半个月才回家一次，父亲对母亲说："娃娃儿学校的食堂伙食肯定好不到哪里去，明天娃娃儿回来，肯定寡得慌，你今天晚上把猪蹄子先炖到起嘛！"

慎得慌[ʂən^{35}te^{0}xuan^{45}]

指看了某事物后心里难受、不舒服，反胃。相当于普通话的"心塞"或"心堵"。

例一：车祸刚发生，被撞死的人四肢分离，身下淌了一地血。路过现场的大妈们事后描述现场情况时说："那个样子啊，慎得慌，活生生的阴间。"

例二：甲乙两人在网上看到有的地区把老鼠肉剥了当羊肉串烤了卖，直呼："好恶心，好慎得慌，这一辈子再不想吃羊肉串哒。"

闯闯·搞搞神·二僴·二球货

闯闯[fʂhuan^{53}tʂuan^{53}]

指不明事理、不讲道理、言行怪异不稳重，有时也可以儿化为"闯闯儿"，多用于男性。

例一：老王托朋友给自己的女儿介绍男朋友，朋友介绍了一个为人很不正常的人，老王一听到这个人的名字就责怪朋友："你怎么跟我姑娘介绍那么个闯闯啊！"

例二：小李为人爱钻牛角尖，经常在公共场合与他们争执，结果自己出尽洋相，难以收场，同事都说他："小李纯粹就是一个闯闯儿！"

搞搞神[kau^53 kau^53 ʂən^11]

意为不成熟，行为处事、想法都比较异于常人，通常用来指不明事理的人或言行不稳重的成人，语气要比“闯闯”轻微。有时也可用来指小孩子调皮，带有调笑的成分。

例一：单位开会时，领导讲话完毕，甲总爱在下边高声评论并提出与领导意见相左的一些看法和观点，同事们说道：“你好好地把会议的精神领会完整再发言，我们都没听明白，你就一个人在这里叽哩呱啦搞吼哒，像个搞搞神！”

例二：小张的儿子很活泼，特别精灵古怪，有一次对着餐馆的老板说：“老板，来一盘狗炒肉丝。”老板一听，开口笑骂道：“你这个搞搞神，又是你老汉儿教你说的吧！”

二倜[ɚ^35 the^45]

本身能力不高，但又爱装高傲。有时可以重叠为“二倜二倜”使用。

例一：某人学历不高，也没有正经的工作，但总是爱显摆，邻居看不惯，背地里道：“看他那二倜的样子，成天装得像个大老板，又不是不知底细的几个人，装哒给哪个看哦。”

例二：某人长期待业在家，不出去找工作，成天啃老，还爱与社会闲散人员鬼混，他老爸经常当面骂道：“你也都成人哒，站起来比我还高，成天还是要找个事做啥，我能养你一辈子，也不晓得是不是前世做啊恶人，生你这么个二倜二倜的家伙。”

二球货[ɚ^35 tɕhiəu^45 xo^35]

有三种用法：一是指办事不可靠、根本指望不了；二是指说话办事不着边际，满嘴放空炮说假话；三是指游手好闲、好吃懒做。

例一：小王托一位平时能吹能拉的同事给孩子联系一家幼儿园，结果直到要开学了还没有消息，知情人听说后对小王说：“你真是不长脑壳，你怎么找他啊，他向来就是个二球货，根本指望不上。”

例二：老周的儿子才上初中，老师向老周反映他儿子在学校骗同学和老师，老周回来后教训道："你这个二球货，好的不学，学会骗人，你看我今天不打死你！"

例三：（接上）老周的儿子初中毕业就辍学混社会了，成天三五成群到处游荡，邻居无不惋惜地说："老周的儿子可惜哒，小时候那么听话，一上初中就和一些二球货混在一起，结果现在就混成这个样子哒。"

装相·充人·佯长舞蹈·洋式·行式·犟

装相[$tʂuaŋ^{45}$ $ɕiaŋ^{35}$]

多指言行装腔作势，趾高气扬、故意显示自己，多用于成人，有时也用于对小孩的嗔怪。

例一：单位某青年特别爱奇装异服、举止张扬，老同志们看不惯，议论道："那个娃儿屋里条件也不是蛮好，哪门那门有装相，好的不学，尽学些歪风邪气。"

例二：小张不懂装懂，硬要讨好去给女同事修电脑，结果没修好，同事小王挖苦他说："哪个要你去装相的嘛，现在好哒喔，电脑没修好，还出啊个南瓜丑，底子都漏光哒！"

例三：张三平时爱两面三刀，一次会上，又在滔滔不绝表忠心，同事们小声骂道："又在装相，下来后又是一套。"

例四：小朋友轻轻地在墙上撞了一下，便大哭起来，妈妈说道："嗯，装相，根本没撞疼，是不是又要妈妈抱一下？"

充人[$tʂhon^{11}$ $ʐən^{11}$]

意思与"装相"不同，主要是指充能、逞能、装腔作势地显示自己，以展示自己的重要作用。建始方言中"装相"与"充人"如何使用，由具体的语言环境决定，一般而言，"充人"的语气要比"装相"的语气缓一些，贬义的成分要少一些。

例一：妯娌不和，在一次家庭协调会上，甲声泪俱下地说自己这么多年的苦楚，引得大家都对她产生同情之心，乙对甲说："你又在这充人，这个屋里就你一个人辛苦？说话要讲良心！"

例二：某人在一次大会上发言博得大家阵阵掌声，赢得大家好评，有一部分人说他爱出风头，某人听后说："我说的话都是实话，我不怕别个说我充人，对得起大家就行。"

佯长舞蹈[øiaŋ^{11}tʂan^{11}øu^{53}tau^{35}]

有多种不同的意义：一是指故意张扬，以显示自己与众不同；二是故作得意之状；三是异于常人，不合规矩。前两者都是贬义，第三个义项可褒可贬，取决于具体的语言环境。

例一：小明父母离异了，小明在学校不遵守纪律，总是跟别人步调不一致，老师向其父亲反映了情况，小明父亲对小明说："你再在学校里佯长舞蹈，我就把你送啊你妈哪去。"

例二：小明这次考试考得不错，有点飘飘然，他父亲对他说："莫得意忘形，佯长舞蹈的，也不学好。"

例三：小王业余时间把家里的小电器拆开后又组合在一起，喜欢琢磨结构原理，邻居们都夸他聪明，小王母亲笑着道："哪里聪明啊，把个屋里的电器都搞坏哒，成天佯长舞蹈的，不搞正事。"

例四：小李爱喝酒，喝完酒就爱发酒疯，他妻子每次都在他醉酒后骂道："喝利巴子，喝得你妈老汉儿姓么子都找不到，你再佯长舞蹈的我就跟你离婚。"

洋式[øiaŋʂʅ^{11}]

相当于普通话的"洋气"，指的是城市的、高素养的或时髦的风格举态、气度，与"土气"相对。根据具体语境可褒可贬。

例一：小王明天去老丈人家送彩礼，穿得一身新，周围的熟人打趣道："真的是要去见老丈母哒啊，穿得这么洋式！"

例二：某人出门时，打扮得整整齐齐，但非常不注意公共卫生，邻居背后议论道："看她那个人呢，打扮得洋式，那个屋门口的狗屎都不扫一下，就那门摆在大门口。”

行式[xaŋ¹¹ ʂʅ¹¹]

除了具有“洋式”所包含的意义外，还可指：人品修养潇洒、洒脱；自负、自傲；仗势辱人。有时可以重叠为“行行式式”。

例一：小王家的家具都是实木制作而成，同事参观后，都道：“梨木做的家具，就是行式/洋式。”

例二：李老师性格儒雅，很受学生欢迎，学生及家长评价道：“李老师就是行式，为人师表，我们都蛮喜欢。”

例三：小张一向好吃懒做，有一次到嫂子家去玩，什么事也不帮着做，成天吃喝玩电脑。嫂子对小张哥哥说：“你那个弟娃儿还蛮行式喔，来哒真的像做客啊，还要我成天伺候他吃喝。”

例四：小吴言行举止欠妥，小周教训了某人，后来大家都说：“小周这个人就是直爽，上次他把小吴行式了一顿，现在小吴就乖多哒。”

例五：小张嫂子家住房紧张，他嫂子又朝小张哥哥数落道：“你那弟娃儿，明明晓得屋里住得挤，他还行行式式地住在正房里，我们一家三口住大街上？”

犟[tɕiaŋ³⁵]

有三种意义：一是指脾气固执、顽劣；二是指性格不服输；三是指挣扎以求摆脱。

例一：小明在学校调皮，小明父亲在家打了他，打得非常狠，小明却不认错，邻居们都心疼地对小明说：“你哪门恁门犟嘛，给你爸爸认个错，看得成这个样子了。”

例二：李师傅对队长说徒弟小王：“这个徒弟娃儿我可带不了，我还没说他几句，他就犟哒。”

例三：小明家的狗总是跑出去打架，小明的爸爸把狗捉回来对小明说：“你把这个狗子捆起来，捆紧点儿，要不然他又犟脱哒。”

火色·不马虎·皮实·长脸

火色[$xo^{53}se^{11}$]

有两种意义：一是指不简单、不含糊、不一般、非常优秀；二是指非常凶狠、歹毒。一褒一贬，使用清晰明了。

例一：老张家的儿子学习很好，今年考上了北京大学，邻居议论道："老张屋的那个儿子，好火色，今年考上北大哒，哎，我要有那么个儿子就好哒！"

例二：老吴家的儿子不学好，经常在街上打群架，有一次把人打伤了，知情的邻居说："老吴的那个儿子太火色哒，一刀就把别个戮啊个大洞。"

不马虎[$pu^{11}ma^{45}xu^{45}$]

不同于普通话的"马虎"，"马虎"两字在建始方言中都读阴平调，有"不马虎"两种意思：一是指不犹豫、不含糊、说干就干；二是指勇于承担责任。"不马虎"不是"马虎"与"不"的简单组合，是在"马虎"的基础之上引申而来的，"马虎"是对人的思想行为的否定，"不马虎"是否定之否定，为肯定。

例一：某领导讲究原则，在大是大非的问题面前拎得清看得明。群众都夸奖道："下啊这么久的雨，好多地方都淹哒，×书记下乡核实灾情，一家一户落实，一点不马虎。"

例二：省里的项目检查意见反馈出来了，专家提出了一些有待改进和改正的意见，负责人对领导说："这些批评和建议我们都虚心接受，回去之后立马整改，我是负责人，绝对不马虎，一定如期保质保量完成项目。"

皮实[$p^hi^{11}ʂʅ^{11}$]

指身体结实、耐抗性强，引申指不娇惯孩子，让孩子经历风雨和挫折。

例一：学校运动会，小强在参加的几个运动项目上都取得了第一名的好成绩，他家长对其他家长说："我们屋里的娃娃儿，从小就养得皮实，跑跳蹦摔样样从小就练过。"

例二：幼儿园前，一群妈妈总是极其小心地呵护着宝宝，一些老奶奶看不过，在一边说："细娃儿啊，不能像你们这样惯倒起养，还是皮实点好。"

长脸[tʂan⁵³lin⁵³]

指很有光彩，让人羡慕，多用于褒义，表示夸奖，也可用于讥讽别人的酸葡萄心理或自嘲。

例一：全市系统业务考核，小王业务精通排名第一，领导高兴地说："小王，你可给我们单位长脸哒！"

例二：小明平时学习不是很好，有一次考试考得不错，同学小李不服气，放学跟上，小李挖苦小明："你今天可真长脸，是抄的90多分吧！"

例三：小吴考试考了倒数第一，回家后，母亲无可奈何地自嘲道："哎，你又给我长脸哒，考啊30多分，哪门吃得完！"

烧包·油胀·发邪·犟脑壳·搅屎棍儿

烧包[ʂau⁴⁵pau⁴⁵]

有两层含义：一是指大手大脚，浪费钱财；二是指过于挑剔、难以合群。

例一：某男生买了一双新运动鞋，穿了一天就说不好，提出各种理由又要妈妈给他买新鞋，妈妈听后说道："恁么好的鞋子，你穿一天就要送人，你钱多烧包是不是？"

例二：老王在合唱队和大家一起排节目，总是对乐队成员的水平说三道四的，乐队队长对老王说道："你莫再烧包哒，大家一起玩乐就很不错了，不要说东说西的搞得大家都不开心。"

油胀[øiəu^{11}tʂan^{35}]

原意为吃得太油腻，不易消化撑着了，引申为无所事事、自我得意；有时还指大手大脚。除基本义外，其余的义项均为贬义。

例一：老赵家最近一直在忙喜事，家里饭菜荤腥过盛，因吃得太精细，老张肚子受不了，老伴打趣道：“真是没得好大个搭鞑，天生穷人命啊，稍微吃点好东西就油胀。”

例二：小张工作业绩平平，但开起玩笑说起八卦却头头是道，同事都说他：“你是不是成天吃多哒油胀，到处说七说八的，每个月都完不成任务，哪来的劲到处嚼牙包骨嘛！”

例三：老王喜欢养宠物，经常糊弄一下自己的肚子都要给宠物买些好吃的，老伴儿很不理解地说：“你给狗娃儿猫娃儿买那么好的东西，你个人吃那么孬，你说你是不是油胀嘛！跟你过日子真是造孽死哒，过得还不如牲口。”

发邪[fa^{45}ɕie^{11}]

相当于普通话中的“发神经”，引申为放肆，一般只用于放肆行为刚发生而已，如果造成严重的后果则不再使用。

例一：一对爱吵架的夫妻，老公说老婆做的饭不好吃，还不如叫个外卖，娶个老婆干什么，老婆听了说道：“莫发邪啊，吃啊我做啊一辈子的饭，今天哪门就不好吃哒?!”

例二：小张家来客人了，孩子察言观色，心想正好利用这个机会向父母提出要钱去买零食，父母没同意，小孩子当着客人面纠缠，母亲说：“你要发邪到外头去啊，再在屋里搞，招呼你的皮!”

犟脑壳[tɕiaŋ^{35}lau^{53}kho^{11}]

指性格极其固执，建始方言中用来比喻喜欢发脾气爱顶撞别人的人。

例一：街道上组织大家自发集资修路，大家都同意，纷纷捐资，就老张家不愿意，街道办上门找老张做工作，老张老伴儿说：“主任，你说的道理我都明白，可我屋里的那个犟脑壳就是不听，我也没得办法。”

搅屎棍儿[$tɕiau^{53}ʂʅ^{53}kuɚ^{35}$]

指爱无事生非，喜欢挑事的人。

例一：小区里有个婆婆特别爱打听别人家的家事，然后无中生有凭空捏造一些事情四处传播，久而久之，小区的人都说：“那个婆婆简直不是人，就是个搅屎棍儿，搞得到处臭烘烘的，让人讨嫌。”

例二：领导在学习动员大会上总结道：“我们领导班子一定要团结一心，一起努力把工作做好，不要争着去做搅屎棍儿，拖集体的后腿。”

嘎古·放踹·尖板眼儿·名堂

嘎古[$ke^{35}ku^{11}$]

有两层含义：一是指某人心眼多、性格固执、脾气古怪；一是指双方的关系不融洽，比较别扭。

例一：老吴的两个女儿出嫁了，但他从不到女儿女婿家去，总说那是别人的家，亲家听说后，对儿媳妇儿说：“你的爸爸好嘎古，个人姑娘屋里，哪门说是别个屋里哩，下次碰到你爸爸要他多来住几天。”

例二：女儿在婆家跟婆婆关系不太和谐，回到娘家跟亲妈诉苦，亲妈安慰道：“哎，千百年来，婆媳关系再好都有点嘎古，婆子肯定比不上亲妈，想开点，过得去就行，不要太苛刻哒。”

放踹[$fan^{35}tʂhuai^{35}$]

指提出无理要求并伴有一定的不满性肢体动作，让人感到难以接受。

例一：一位大爷在街上碰瓷，钻到公共汽车底下，大声哀嚎。司机下车指着大爷说：“又是你，我这个月看到你两回了，我马上打 110，看你还在这儿放踹。”

例二：小孩子在街上看到好玩儿的玩具，要妈妈买，妈妈拒绝了，小孩子在街上当场就开始哭闹并拒绝行走，小孩子妈妈说道：“你是不是又放踹，前天才买的遥控飞机，今天又要买新玩具，你还讲不讲道理。”

尖板眼儿[tɕin⁴⁵pan⁵³øiɚ⁵³]

板眼在普通话中本是戏曲行业语，“尖板眼儿”引申指计谋、措施或指差错、毛病。

例一：小王头脑灵活、办法多样，同事们都评价道：“我们单位，就数小王尖板眼儿多，搞得我们都跟到占啊好多便宜。”

例二：福利院的老人们对来作义工的大学生们说：“谢谢你们啊，我们年纪大的人，身体不行啦，平时不是这里出尖板眼儿就是那里出尖板眼儿。”

名堂[min¹¹tan¹¹]

具体所指意义较多，主要有四层含义：一是指花样、名目；二是指成就、结果；三是指道理、内容；四是指事情。

例一：单位开元旦晚会，节目非常好看，退休人员都称道：“今年的元旦晚会名堂还是蛮多的，又是唱又是跳，还有礼物，我们老年人喜欢。”

例二：在街道党支部会议上，支部书记总结道：“依靠群众，我们就一定会搞出名堂，如果脱离群众，我们什么名堂都搞不出来，希望大家一定要切实走好群众路线。”

例三：小明在学校是科技发明小能手，在向同学们介绍他的小发明时，小杰说：“真有你的，真不简单，这个东西看着简单，里边的名堂还真不少。”

例四：青春期的小丽经常把自己锁在小房间里，也很少跟父母和朋友沟通，老妈跟别的家长聊天时说道：“哎，青春期的娃娃儿就是操心，我屋里的姑娘整天把个人关到屋里，不晓得她在搞么子名堂，看到急死人，我们又不好多问。”

傻傻·死相·挺筒·贱相

傻傻[$xa^{53}xa^{53}$]

"傻傻"的发音与普通话完全不一样，意义也比普通话更为丰富。主要有三种含义：一是指古板、呆板、不灵活的人；二是指弱智、智障人士；三是指凶狠、下手很重的人。

例一：小李好不容易摆脱了小王的纠缠后，回家对妻子说："碰到小王那号的傻傻，我简直是气疯，他想的和我说的完全不在一路上，不晓得怎么出了这么个怪人。"

例二：小明期末考试没考好，同学给他分析错题时说："你是个傻傻喔，这么简单的问题你要想那么复杂！"

例三：张三小时候发烧，脑子烧坏了，谁家操办红白喜事他就非常兴奋，主事人家首先想到的就是打发人说："快去把张傻傻喊起来，要他帮到先做点杂事。"

例四：李四混社会把人砍了，邻居背后议论："李家也不晓得怎么养的儿子，养那么个傻傻，这下好哒，把人杀死哒要抵命哒！"

死相[$sɿ^{53}ɕiaŋ^{35}$]

指古板、故意做出不配合的表情。

例如：妈妈没给女儿买新裙子，女儿赖在家里不肯出门，妈妈说道："你又是在那死相嘛，学习怎么没见你这么上心，要东西倒是比别个上心。"

挺筒[$thin^{11}thon^{53}$]

有三种含义：一是指行为让人讨厌的人，其行为造成的后果超出了对方所能接受的程度；二是指非常蠢笨；三是指拿人没办法，相当于普通话的"没辙"。

例一：某公司员工在私下议论刚升职的部门领导道："那么个

挺筒，也居然当上哒主任，这个公司怕是要完蛋哒!”

例二：小明学习成绩不好，妈妈经常训道：“你怎么这么挺筒，基本的加减法都算错。”

例三：某学生家长向当地教育局投诉学校乱收费，事后查明是子虚乌有，校长委屈地说道：“现在办学好难，有些家长，挺筒!”

贱相[tɕin³⁵ɕiaŋ³⁵]

有三种意义：一是指动植物对生存环境的要求低而表现出来的顽强生命力；二是指小孩子不懂事、不听话；三是指成年女性自轻自贱。后二种意义在建始方言中作为詈语使用。

例一：老农向批发商说道：“你买些贱相的柳树苗，好种得很，落地就生根，不要你操一点点儿心。”

例二：小孩子都爱望嘴，羡慕其他小孩子的吃食，其父母会教训道：“你贱相，屋里又不是没得吃的，你一看到别个吃东西就望嘴!”

例三：婆婆向邻居诉苦：“我那个儿子媳妇儿两个人贱相，屋里样行事都不错，现要麻将打得两口子要离婚。”

啬巴·吝势·区眉小眼儿·干贵

啬巴[se³⁵pa⁴⁵]

相当于普通话的“吝啬”，但用法比“吝啬”要丰富灵活，有三种用法：一是指成人不大方，吝啬；二是指未成年人过于爱惜自己的财物，不愿与他人分享，大多带有调侃意味，没有过多的贬义色彩；三是指语气词，用于句首引发个人感慨，相当于普通话的“可恶”。

例一：小谢平时非常节约，从不多花一分钱，也从不给别人借一分钱。他哥哥找他借钱未果，其他熟人说道：“你那个弟娃儿怎么那么啬巴，个人的亲哥哥来借钱都不借，我们外人口都不晓得去开哒。”

例二：小明把遥控飞机带到幼儿园去玩，其他小朋友都很羡慕，有的想用一下遥控器亲自操作一下飞机，小明不愿意，其他小朋友说道："你好啬巴喔，给我玩一下都不肯，我们再也不理你哒。"

例三：小王本月迟到三次，被扣了全勤奖，面对工资条，小王说道："啬巴，我就只迟到啊三次，每次都只几分钟，就把我的奖金扣光哒！"

吝势[lin^{35}ʂʅ^{11}]

有两种意义：一是与"啬巴"的第一种意义相同，指"吝啬"；二是指性情因吝啬而变得乖僻、孤僻不合群或嫌贫爱富。用在话语里究竟表示的是哪一种语义，要结合具体的语境来判定，选择第二种含义时可以转化为"利势"。

例一：小张向小李借钱救急未果，事后大家都说："小李好吝势，平时跟小张好不得的，找他借钱应个急都舍不得，太吝势哒！"

例二：小张和同事关系非常冷淡，小吴发财后，小张经常有事没事去和小吴套近乎、送礼物，大家都说："小张好吝势/利势，那么古怪的一个人居然也会去拍马屁。"

区眉小眼儿[tɕhy^{45}mei^{11}ɕiau^{53}øiɚ^{53}]

因吝啬而要小心眼儿，多用于指责对方极其吝啬而且行为还让人生厌。

例一：小吴有急事想借小张的私家车，小张明明暂时不用车，却说自己下午要去接老丈人。小吴的老婆对小吴说："他那么区眉小眼儿的人，你去找他借么子，我上午才看到他的老丈人在他屋里。"

例二：同事们聚会一起吃饭，买单的时候，小张说："今天正好出门换啊衣服，我打电话要我老婆把钱包送过来，你们都莫和我争。"小李说："算哒算哒，就你那个区眉小眼儿的样子，还是我来请。"

干贵[$kan^{45}kuei^{35}$]

形容一个人非常自以为是、爱显摆、不合群。

例一：小王结婚找小李借婚车，小李犹豫不决，小王对小李说："莫那么干贵嘛，就是借你的车接个人，不得给你弄坏。"

例二：吴大妈对邻居说道："儿子带个女朋友回来，觉得这也不好那也不好，搞得硬是蛮干贵的样子，晚上住都不住啊屋里头，要在外头住宾馆。"

紧倒·老辣·死脸·无张打野

紧倒[$tɕin^{53}tau^{53}$]

相当于普通话的"老是"，表示总是、长时间持续某一动作行为，常带有埋怨色彩。

例一：小朋友调皮，在家哭闹要新玩具，妈妈说："好哒啊，紧倒搞就没得么子意思哒啊。"

例二：小李约小王一起去踢球，小李在球场上等了很长时间，给小王打电话说："你在搞么子吗？紧倒还没摸出门？"

老辣[$lau^{53}la^{11}$]

指的是成熟或成熟过了头，常用来修饰人，根据具体语境，可褒可贬。

例一：大人们看到报纸上的"五道杆"小孩儿的事迹后，都说："这个细娃儿好老辣，长大哒绝对是个呱呱叫的人。"

例二：(接上例)但是很多同龄人却看不惯"五道杆"小孩儿，议论道："细娃家家的，还是自然一点儿好，太老辣哒，不晓得他爹妈老汉儿怎么教的。"

死脸[$sɿ^{53}lin^{53}$]

有两种含义：一是指儿童调皮、顽劣；二是指脸皮厚、让人生厌。

例一：老李家来了客人，孩子在客人面前毫无节制地调皮捣乱，老子喝道："老实点啊，再死脸我就把你关到门外头去。"

例二：小王喜欢和同事嬉皮笑脸，借钱也总是拖着不还，同事们都很烦他，在背后议论道："那个小王，真是死脸。"连他自己的母亲也说："你都三十好几哒，怎么这么死脸，也不修个好德行。"

无张打野[$øu^{11}tʂan^{45}ta^{53}øie^{53}$]

有三种含义：一是指无缘无故；二是指不务正业；三是指无聊的、无关紧要的、没有任何积极意义的。

例一：领导在台上讲话，小王一个人在台下笑，领导看见后批评道："小王，你一个人在下头无张打野笑么子？开会不好好听，会后又到处问。"

例二：小明学习成绩不很理想，但他打篮球、弹吉它、画动漫、跳街舞，样样玩得好。他老爸却总是批评他："你正经的学习搞不好，成天玩些无张打野，那些以后有么子用？"

例三：小李手脚不干净，邻居都劝他："你也是好几十岁的人哒，那些无张打野的事再莫做哒，派出所都快成你亲戚屋里哒。"

叽叽咕咕·找找抹抹·搞经·尔你

叽叽咕咕[$tɕi^{11}tɕi^{11}ku^{11}ku^{11}$]

有三种含义：一是指习惯性唠叨、絮絮叨叨；二是指不自觉地自言自语；三是指几个人私底下议论、密谋。

例一：张老太丢了十元钱，就这事跟老伴儿反复地絮叨，老伴儿听得心烦，说："你莫再叽叽咕咕哒嘛，听得烦列人哒，我给你十块钱。"

例二：小丽看完青春偶像剧后，仍沉浸在电视剧的故事情节中，自言自语地回味着。妈妈批评道："不要再叽叽咕咕哒，搞学习才是正事，有这个工夫，多背几个单词嘛！"

例三：旅游大巴上，游客和导游的计划发生了分歧，导游和司机下车协商。游客斥责道："看嘛，他们两个又在外头叽叽咕咕，不晓得又出个么子尖板眼儿。"

找找抹抹[tʂau^{53}tʂau^{53}ma^{11}ma^{11}]

有三种含义：一是指说话啰嗦、辞不达意、不知所云；二是指性格外向，行为处事高调让人忍俊不禁，类似于网络词语"逗比"；三是指行为异常，让人摸不着头脑。

例一：开会时，某科长说话啰嗦又抓不住重点，员工私底下说道："找找抹抹搞啊半天，还没说出日月来，不会说就不要说嘛！"

例二：小明很活泼，是班上的开心果，老师调笑说："小明你在班上找找抹抹的，还蛮有人缘啊，同学们都还蛮支持你耶！"

例三：妈妈对小丽说："奶奶年纪大了，经常一个人在屋里找找抹抹、自言自语，你有空不要再到处乱跑，多陪哈奶奶。"

搞经[kau^{53}tɕin^{45}]

有两种含义：一是指纠缠；二是指不正当的言行。

例一：领导对小王说："我早就跟你说哒，这个事我们解决不了，你不要再到我们这里和我们搞经。"

例二：单位委托小王把救灾物资尽快运到民政局，小王严肃地说："请领导放心，搞经的事我从来不做！"

尔你[øɚ^{53}li^{53}]

搭理、理睬的意思，一般不单独使用，与否定副词"不"联合使用，构成"不尔你"，意为"不搭理、不理会"，含有不屑、厌恶之情。

例一：别人误会了老张，老张很生气，朋友劝道："和那种人生什么气，不尔你就是的哒。我们未必还信不过你！"

例二：街上的美容广告人员到处找女性搭讪，有些女性说道："管他们怎么说，我不尔你就行啦。"

果经·扯经·日古日古·糊

果经[ko53tɕin45]

有三种意思：一是指故意挑事；二是指瞎鼓捣；三是指儿童之间互相打闹嬉戏。

例一：小张和小王两家一向关系很好，但是最近闹翻了，邻居们都纷纷议论："两家人都是好人，不怪他们，都是李婆婆儿在中间果经。"

例二：小明家的音箱经常没音，他不懂装懂地把音箱拆开修理，结果装不回去了，妈妈打趣道："要你瞎果经，这下好了吧，还不到原哒吧。"

例三：小朋友们放学后，三五成群地在嬉戏，家长来接孩子，劝说道："不要再果经了吧，玩了也有半个多小时了，该回家写作业了。"

扯经[tʂhe53tɕin45]

有四种意义：一是指闹别扭、扯皮；二是指没事在一起闲聊，多含贬义；三是指高声叫喊，建始方言中的詈语；四是指胡说八道。

例一：小张夫妇经常吵架，吵得远近闻名，邻居们都说："不晓得那两口子是不是日子好过很哒，动不动就扯经，过不到一起就离婚算哒嘛!"

例二：小李从广东打工回来，说广东那边非常好挣钱，约小王跟他一起过去。小王的老婆说道："你和他一起扯经，他把你卖哒你还要帮他数钱。"

例三：(接例一)小张夫妇夜里又在吵架，老婆在房内哭爹喊娘的要回娘家，邻居背地里骂道："扯经啊，扯他妈的啊，半夜三更的嚎丧!"

例四：街道办主任在会上说道："最近传销蛮火色，如果有什么不沾边人要你一起去发财，你莫听他们扯经，那百分之百都是传销。”

日古日古[ʐʅ³⁵ku⁵³ʐʅ³⁵ku⁵³]

因为心理不平衡而表现出言语上的龃龉。

例如：儿媳认为婆婆分家不公平，觉得给小姑子分得多，经常说东说西，婆婆听了对儿媳说道：“你没得没要在我面前日古日古的，家里的东西你们分啊一大半，我给我姑娘留点念想怎么就不行?”

糊[xu^{11}]

有两种意思：一是指本义，把事情弄得一塌糊涂无可救药；二是指引申义，把事情暂时摆平，多用作贬义。

例一：小朋友在学校打闹，不爱整洁，经常把身上的衣服弄得脏兮兮的，妈妈们就说道：“你看你这一身，今天早上穿的新衣服，一个上午就糊得鼻子眼睛都没得哒。”

例二：小李在外闯了祸，老李向老伴儿埋怨道：“都是你平时惯适嘛，以前他一有事，你就去找你的关系帮他糊，现在好了，我看你去糊。”

护短·舔大胯/喝泡儿·摘桃子

护短[$xu^{35}tan^{53}$]

有两种意思：一是指袒护自己的孩子，与北京话的“护犊子”相同；二是指袒护既得利益。

例一：小李闯祸后，最终受到法律惩治，邻居在背后说道：“小李那个娃儿哩，本质不坏，就是他那个妈太护短哒，一有事，不分是非，总是说别人不对，把个娃娃儿毁哒。”

例二：领导在学习大会上发言道：“我们现阶段的学习任务就是批评与自我批评，有问题大家尽管提出来，我们绝不护短，一定严肃处理。”

舔大胯/喝泡儿[thin^{53}ta^{35}khua^{53}]/[xo^{45}phɚ^{45}]

指溜须拍马、拍马屁、巴结等不良恶行，在建始方言中“舔大胯”与“喝泡儿”意义完全相同，前者语义比较直白，后者比较隐晦。

例一：某人经常给领导溜须拍马，但没有捞到什么好处。同事们背后嘲笑他说：“你那么爱舔大胯，怎么还没当领导啊!”

例二：小王喜欢向领导打小报告，同事们有一次看到他从领导办公室走出来，就说道：“看喔，小王又喝泡出来哒。”

摘桃子[tse^{11}thau^{11}tsɿ^{53}]

有两种含义：一是指钻空子获得意外收获，有批评和对获益人不满的情绪；二是指侥幸获得益处，可用于自嘲，没有贬义色彩。

例一：某部门竞标会上，甲乙两个单位为中标使出各自本领，但都在汇报时出了点状况，丙单位抓住他们的漏洞一举得标。会后，甲乙互相说道：“我们两家争得头破血流，结果他们倒摘桃子哒。”

例二：李老师在高三下学期生病了，王老师接下这个班，高考成绩不错，李老师说道：“荣誉都应当属于王老师，我是帮着摘桃子。”

神神道道·挨·末末嘘嘘·侉·吊儿郎当

神神道道[ʂən^{11}ʂən^{11}tau^{45}tau^{45}]

有两种意义：一是指思维方式异于常人或精神不太正常；二是指做事太多顾虑，瞻前顾后，畏手畏脚。

例一：李太婆一向比较迷信，有个头痛脑热的总是不找医生，自己找些“神婆道士”弄得神秘兮兮的。邻居向居委会反映道：“那个李太婆，经常找些不正常的人，在她屋里搞得神神道道的，你们还是去管一下。”

例二：小王跟上李一起搭档出差，小李总是与小王在想法上不太合拍，小王对小李说道：“你莫总是神神道道的，你跟到我一起跑业务，绝对没得错的。”

挨[ai^{11}]

指行动迟缓。含有两种意义：一种是故意拖延时间；一种是个性习惯使然，不是故意行为。究竟属于哪种行为，要结合具体语境进行判定。

例一：小丽不想跟小明去约会，小明在外边等她，小丽故意在家磨蹭，她母亲看不过，批评道：“你莫在屋里紧倒挨，你不喜欢人家，你跟他说明，莫恁么黏黏糊糊的。”

例二：老胡是个慢性子，一起出去旅游时，每次都是他最后一个上车，其他的游客都对老胡说：“你好挨的啊，你再起早点嘛，要不然全车就又是等你一个人！”

例三：小李经常说：“这哪里是上班嘛，就是天天来挨日子时候儿。”

末末嘘嘘[mo^{45}mo^{45}ɕy^{45}ɕy^{45}]

行动迟缓，与“挨”的意义相同，但不能跟宾语。

例一：媒人来小丽家提亲，小丽不想见媒人，任凭母亲在外叫喊就是不想出来，母亲喊道：“快点出来，一个人在屋里末末嘘嘘地搞么子嘛！”

例二：小明学习不太主动，每天写家庭作业总是写一会儿玩一会儿，妈妈焦急地说：“你快点写啊，总是末末嘘嘘，搞哒个晚上十点多才写完。”

侉[khua^{53}]

指松散、不紧凑，引申为松懈，有时可以转化为“侉老三”。

例一：小王的衣服买大了，同学们都笑道：“小王，你买的道袍啊，怎么这么侉！”

例二：小明工作不积极，消极应付，领导对他说："你的工作状态怎么老是这么侉，成天怏侉侉的，像个侉老三。"

吊儿郎当[$tiau^{53}øɚ^{35}lan^{35}dan^{45}$]

有三种用法：一是指外在形象松懈邋遢；二是指做事不认真、不负责、敷衍了事；三是指物品放得不稳当。

例一：公司周年庆典，小王穿得很另类，部门负责人批评道："你平时穿得奇形怪状也就算哒，今在这么重要的场合你这么吊儿郎当的，影响啊公司的形象，回去把衣服换好啊再来。"

例二：小李高中毕业没上大学，找个地方上班也是自由散漫，他父亲批评道："你上班还是要有个上班的样子，别人看我的面子才要你去上班，结果你成天吊儿郎当！"

例三：单位在广场上拉横幅，王师傅对小李说："你把个绳子捆得这么吊儿郎当的，风一吹不就吹跑哒，会还没开完，横幅就没得哒。"

抠·贼·精·上经·厌恶头

抠[$khəu^{45}$]

有两层含义，除了包括普通话的"抠门、吝啬"的意义之外，还可指小孩子的聪明伶俐、活泼可爱。

例一：老王很吝啬，对谁都非常小气，过年时都没给孙子压岁钱，老伴儿埋怨道："你个老东西，怎么那么抠，孙娃儿来拜年，你连个红包儿都不给，都把钱带到那边去！"

例二：王奶奶到小红家来找人，只有五岁的小红一个人在家，于是说道："怎么家里没人啊！"小红说："难道我不是人?"王奶奶笑道："哎呀，好抠的宝宝啊！"

贼[tse^{11}]

与普通话的"小偷"并不同义，有两层含义：一是指成人的狡猾；二是指小孩子的聪明。

例一：老爸提醒儿子说道："和你一起共事的那个娃儿，我从他言行举止看，他蛮贼，你还是要注意点。"

例二：电视上正在播放文艺节目，三岁的小强看一遍就在家模仿起来，奶奶高兴地说："哎呀，我的乖孙孙，好贼啊！"

精[tɕin^{45}]

指聪明、脑瓜子灵活，用于儿童时多表示褒义，用于成人时多表示滑头、心眼儿多，贬义色彩明显。

例一：小宝宝被水蒸气烫了一下，第二次再看到水蒸气时，就不再伸手了，奶奶说："宝宝好精啊！晓得记事的嘛！"

例二：小明和小强一起踢球时，把人家玻璃踢碎了，小强当场就溜走了，结果小明被拦住叫来家长赔了玻璃，小明妈妈说道："小强就比你精，他晓得马上就跑，你就苕哈哈地站在这。"

例三：小李心眼儿多，什么事都精打细算，从不肯吃一点亏，大家背后说道："小李那么精，精得过于哒，总有一天会吃大亏。"

上经[ʂan^{35}tɕin^{45}]

有两种意义：一是指无事闲聊天；二是指欺骗。

例一：老王不太顾家，有空就到处闲聊，他老婆总是骂他："几十岁的人哒，天天到处上经，随便在那里当个保安也好嘛！"

例二：老李在街边摊买了一堆假货，老伴埋怨道："你要图便宜啥，被人上经哒嘛，买一堆没用的水货。"

厌恶头[øin^{35}øu^{35}thəu^{11}]

有两种含义：一是指小孩子调皮捣蛋，贬义色彩不是很浓；二是指成人不务正业而且还喜欢损人利己。

例一：小明考上大学了，亲戚朋友都来贺喜，都打趣道："小时候简直就是个厌恶头，不是踢破别人玻璃就是在墙壁乱写乱画，现在长大哒，听话多哒，考上这么好个大学！"

例二：老李偷工地上的原材料被派出所抓起来了，邻居对办案人员说道："那个厌恶头，几十年都是那么个德行，这下好哒，把他抓起来进几天管教班儿兴许老实一些。"

不懂板·不来哉·装蒜·背时

不懂板[$pu^{11}ton^{53}pan^{53}$]

由戏曲行业语演变引申而来，指一个人不懂人情世故。

例如：小王的同事生病住院做了手术，大家都约着一起去看望，只有小王拒绝了，大家议论道："他怎么那么不懂板，抬头不见低头见的几个同事，再怎么也要去看一下嘛!"

不来哉[$pu^{11}lai^{11}tsai^{45}$]

有两种意义：一是指不再来往，往往表示对某人极度失望后的誓言；二是指不理会。

例一：兄弟俩为了遗产闹得不可开交，最后哥哥让步才平息，哥哥对弟弟说："我们两兄弟的情分也就到这里哒，以后我们就不来哉哒！太伤我的心哒!"

例二：小王好心帮助小李，小李却说小王别有用心，小王听说后对其他人说："那样的人，以后再不来哉哒!"

装蒜[$tʂ̩uan^{45}suan^{35}$]

有两种意义：一是指真的不知道却被人误解；二是指不懂装懂。

例一：小明爸爸问小明什么是"杀马特"，小明笑嘻嘻地说："亏你还是老师，装蒜，杀马特都不晓得。"

例二：有些戏迷特别爱夸夸其谈，说张火丁是"新程派"，李世济是老派唱腔，另一资深戏迷道："少说为妙，莫装蒜，李世济开创的'新程派'。"

背时[$pei^{35}ʂʅ^{11}$]

指运气不好，可用于评述他人，也可用于自嘲，建始方言中，“背时”与“儿子”结合组成“背时儿子”带有极强的昵称色彩，多用于长辈对晚辈的假嗔。

例一：老王在工地上摔伤了腿，老伴儿做家政服务又碰碎了客户家的名贵瓷器，邻居都叹息道：“也不知是怎么回事，老王家今年那么背时，一连串的祸事都来哒，是不是屋里有人本命年喔。”

例二：小吴喜欢炒股，前些年小赚了一笔，现在却亏得惨，常常对人说：“哎，人背时，赚的钱全亏哒，亏得裤子都没得穿的哒。”

例三：过年时，刚工作的小强给奶奶买了一套保暖内衣，奶奶高兴地说：“你这个背时儿子，个人才刚工作，花钱跟我买这么贵的保暖内衣搞么子嘛！把钱存到娶媳妇儿！”

瓜喵儿撩嘴·生眉绿眼·哈直哈直·忽哄吓诈

瓜喵儿撩嘴[$kua^{45}miɚ^{45}liau^{11}tsuei^{53}$]

指以虚假的好听的言语和笑脸向人讨好，多怀有个人不正当的企图。

例一：老二的媳妇儿嘴甜，哄得婆婆很开心，经常给老二家一些好处。老大的媳妇儿对邻居说：“婆子妈我们照顾起的，老二两口子平时什么事都不管，要钱的时候就过来瓜喵儿撩嘴的，老婆婆儿一高兴还不是就给哒。”

例二：李某看到领导来了，马上迎过去给领导又是开车门，又是打伞、堆笑脸，同事在一旁议论道：“这个家伙蛮有眼色，领导一来就瓜喵儿撩嘴的。”

生眉绿眼[$sən^{45}mei^{11}lu^{35}øin^{53}$]

有两种意思：一是指态度恶劣、表情生硬；二是指很陌生的样子。

例一：王老师跟小明的爸爸反映小明的在校情况，说道："小明啊，一点儿都不受教，稍微还没说，就生眉绿眼的，现在没得哪一个老师愿意管他。"

例二：街道上来了几个陌生人，老王打听情况说道："我还以为是搞么子的，原来是过来收洋桃的几个外地人，难怪有些生眉绿眼。"

哈直哈直[$xe^{35}tʂʅ^{45}xe^{35}tʂʅ^{45}$]

有二种意思：一是指非常努力的样子；二是用作词缀，一般用在谓词性词语后边，构成"××得哈直哈直的"结构，表示性状动作行为的程度深。

例一：老王下岗后再就业，非常珍惜第二次工作机会，工作极其认真，但老板却跑路走了，老王叹息道："亏得我成天哈直哈直地做，结果没想到被骗哒！那老板亏了良心。"

例二：婆婆到儿媳妇家带孙子，婆婆病了，儿媳妇儿还说婆婆装病不想带孙子，婆婆伤心地对儿子说："我每天贴心贴意给你们带娃娃儿，累得哈直哈直的，现在还落这么个名声，你们啊！"

例三：小明体育很好，同学们经常笑道："你每天跑得哈直哈直的，超过刘翔没得？"

忽哄吓诈[$xu^{45}xon^{45}xe^{35}tʂa^{35}$]

相当于东北话的"忽悠"，在建始方言中泛指各种欺骗和不正当言行。

例一：小明爱撒谎，对妈妈说："给我50元钱，明天要交体育课游泳费。"妈妈回道："你又忽哄吓诈的，我下午才碰到你们张老师，都没说起过要交钱。"

例二：小王不务正业，到处骗人，熟悉他的人碰面后一聊到他就说："他成天忽哄吓诈，我都被他骗啊好几次哒。"

自静·过细·仔本·活耍·溜耍

自静[$ts\eta^{35}t\c{c}in^{45}$]

指人自由自在且周边环境也幽闲安静，形容心情环境非常舒适。

例一：张阿姨搬了新家，老朋友们到她家去拜访，朋友们都说："你这个地方隔城里又不远，住在这里好自静啊，你儿子真是好孝心，买这么好的屋。"

例二：小丽离婚后，朋友问她过得可好，小丽回答说："我现在过得蛮自静，没去想杂七杂八的事，谢谢你关心！"

过细[$ko^{11}\c{c}i^{35}$]

比普通话的"仔细"语义要丰富得多，有四种意义：一是指仔细、细致、精致；二是指考虑得周密、全面；三是指非常懂礼数；四是指过于挖空心思，用于婉转地批评他人，明褒实贬。

例一：老张家请的木工师傅做的家具非常精美，邻居们看到后夸道："你们请的这个木工师傅的手艺好过细，做出来的东西比买的好多哒。"

例二：财经培训结业会上，主管领导总结道："我们财经人员工作的第一要领就是做事要过细，除啊过细，没得其他的捷径。"

例三：小李的姑妈一个人生活，小李经常去给姑妈送些财物，姑妈说："你太过细哒，带我给你妈妈问好。"

例四：小红性格文静，心思缜密，但一直还没找到男朋友，媒人跟她妈妈说道："你屋里的丫头好倒是好，就是太过细，么子事都喜欢弯倒弯倒想，想过啊头，别个不好与她相处。"

仔本[$ts\eta^{53}p\partial n^{35}$]

多用来指女孩子文静、沉稳，有时用来指男孩子老实、朴素、本分。

例一：小丽和小红同时进入职位选拔复试阶段，在合议阶段，主管领导说："小丽这个人比较活放得开，小红静得下来，仔本一些，我建议二个都录取，互相补充。"

例二：小明一向很乖，但有一次在学校主动把同学打了，班主任听说后，奇怪地说："不对啊，小明一向都很仔本，又是班干部，应当不会做这种傻事，我打听清楚哒再说。"

活耍[xo¹¹ʂua⁵³]

有两种意义：一是指物体接触面不紧凑，一般可以重叠为"活耍耍"；二是指人头脑灵活、不死板，不能重叠。

例一：家里新装修，买的水龙头还没用两天就关不了水了，业主找到卖家说："前几天才在你这儿买的水龙头，还没用几天就变得那么活耍耍的。"

例二：小强头脑灵活，容易开窍，难题一点就会，老师对他妈妈说："小强啊，脑壳活耍，就是有些粗心，以后细心点就更好哒！"

溜耍[liəu³⁵ʂua¹¹]

主要用来形容人或动物动作迅速、身手敏捷、反应灵活。

例一：家里的母猫生了很多小猫，主人要捉一只送给别人，刚一放进袋子里，小猫就跑出来了，主人说："这个猫娃儿好溜耍，晓得要和他妈分开哒。"

例二：游泳比赛开始了，小明一下水，不一会儿就游到了终点，把其他选手甩了很远，岸上的家长都说道："看那个娃儿好溜耍，像鱼一样就飙到对面去哒，是个好苗子！"

抻抖·瓷实·圆况·无搭鞁

抻抖[tʂhən⁴⁵thəu⁵³]

有四种用法：一是指衣着得体、大方、笔挺；二是指男性模样英俊、周正；三是指家居环境布置得和谐，令人赏心悦目；四是指流利、流畅。

例一：小张今天第一天上班，穿了一套新西装，同事见到后都夸道："你今天穿得好抻抖。"

例二：王阿姨给小丽介绍一个男友，对小丽说："那男娃儿在电力局上班，屋里条件蛮好，小伙子(外貌)也抻抖，就是有点结巴，你考虑一下，看看如何?"

例三：吴阿姨申请到了经济适用房，面积不大，吴阿姨将房间布置得井井有条，朋友们来拜访时都说道："你的屋收拾得好抻抖啊，屋里弄得干净整齐，不像有的人屋里搞得像地洞。"

例四：老李接到一诈骗电话，在电话里说道："你连个普通话都说不抻抖，还在电话里装神弄鬼的，你骗鬼喔。"

瓷实[tshɿ^{11}ʂʅ^{11}]

指结实，多用于儿童和年轻人。

例一：老王家添孙子了，邻居们都去看望，都说："这个小家伙长得好瓷实！和他爸爸小时候一样!"

例二：小强是体育生，一顿饭吃半斤，女生看到后都说："难怪长得那么瓷实，一顿饭抵我们一天。"

圆况[øyn^{11}khuan^{35}]

有两种含义：一是指齐全、完整；二是指假话说得没有纰漏，自圆其说。

例一：现在二胎政策放开了，婆婆劝儿媳妇儿说："你们已经有啊一个儿子哒，再生一个姑娘，有儿有女，这辈子就圆况哒!"

例二：大家都知道小张喜欢骗人，可又不由自主地被骗，大家叹息道："小张那个人天生就是骗人的料，假话说得那么圆况，都以为是真的。"

无搭靸[øu^{11}ta^{11}sa^{0}]

有三种意义：一是指人不务正业，专做无聊的事；二是指没什么盼头和希望，对前途失去信心；三是指没出息，可指他人，也可以用于自嘲。

例一：小李逗小孩子玩，经常把小孩子的食物骗到手后吃下去，大人们知道后：“那个小李也太无搭靸，专门忽细娃娃儿的零食吃，几十岁的人，无搭靸。”

例二：一群大妈聊天，说道：“你们说嘛，人这一辈子其实真的无搭靸，我在老家和老伴儿过得蛮舒心，现在给儿子带娃娃儿，累还不说，还要看儿媳妇儿的脸色！”

例三：老王跟老伴儿说：“人这一生真的是无搭靸，年轻的时候身体好，没钱，现在了，后人都长大哒，条件好些哒，我们又浑身的病，也是的没得么子意思。”

挺括·齐作·亘段·翘·拢弯哒

挺括[$thin^{53}kua^{11}$]

相当于普通话中的“笔挺”。

例如：选衣服时，妻子说：“还是选涤纶的吧，外套穿在外面比其他的要挺括。”

齐作[$tɕi^{11}tso^{11}$]

有三种意义：一是指物品裁截得整齐或排列得整齐；二是指动作行为整齐划一；三是齐全，指人或物全部在场。

例一：体育课上，老师批评新生：“你们自己看看你们站的队，歪歪扭扭的，一点也不齐作。”

例二：军训汇报表演时，家长们观看时对自己孩子的表现很满意，说道：“我们那些娃儿，平时都自由散漫惯哒，这次汇报表演上的跑跳蹦什么的，都做得蛮齐作嘛，还是教官有本事！”

例三：王奶奶八十大寿，家里的所有亲戚都来拜寿，邻居开心地笑道：“今天还来得齐作嘛，四代人都在场，好热闹，有福气啊！”

亘段[$k\partial n^{53}tan^{45}$]

指完整、不零碎，完整性好或整体性好。

例一：小吴指着小张收集的几套人民币，说："你这几套人民币都不错，有收藏价值，但是第五套人民币不亘段，还缺一张，好可惜。"

例二：老农向下乡支教的大学生说道："大型米机加工的米要比小型米机加工的亘段些。"

翘[$t\text{ɕ}hiau^{11}$]

指平面的部分不平了，一部分翘了起来。

例如：新装修的房子的推拉门没几天就合不上了，师傅上门检查后说："这个门翘了，选得门框质量不好，建议你们换个门框，要不然过一段时间又要翘。"

拢弯哒[$lon^{45}\text{ø}uan^{45}ta^{0}$]

特指圆形的东西不再圆了。

例如：母亲问女儿："昨天新买的银镯子，怎么今天就拢弯哒嘛?"

发泡·蓑蓑子·不日毛·皮哒

发泡[$fa^{11}phau^{45}$]

有二种用法：一是指食物因水浸泡后，体积变大、质量变差；二是指人故弄玄虚，显得自己很有实力。

例一：小李中午时间紧，只好给小孩子泡方便面，过了一会儿就催孩子道："快来吃啊，再不吃，面条泡长哒，发泡哒就不好吃哒喔。"

例二：小吴到沿海去了几个月，回来后脖子、手指上都戴着粗大的金项链和金戒指，在邻居面前一口广东腔，邻居们调笑说：

“你混得不错嘛，只去了几个月回来就这么发泡，把我们也带过去跟着发财嘛。”

蓑蓑子[$so^{45}so^{45}ts\eta^{53}$]

指衣物过于宽大，行动起来十分不便。

例一：小丽试穿了一条裙子，对着镜子说：“这个裙子太长哒，这个衣袖那么个蓑蓑子，都像七分袖哒。”

例二：老王对现在的年轻人的穿衣风格很不喜欢，经常说道：“你看现在的年轻人嘛，穿个衣服裤子都穿些蓑蓑子，恨不咋拖到地上当拖把。”

不日毛[$pu^{11}z\eta^{35}mau^{11}$]

不好、低劣的意思，有两种用法：一是用于评议某人、某事、某物；二是用于自嘲。

例一：老张参加完同事儿子的婚礼，跟其他同事边走边说道：“他们屋里一直都蛮客气的，怎么这次儿子结婚选这么个不日毛的酒店，做的菜也不日毛。”

例二：老王对小强说：“要考试哒，你还是认真点儿搞学习，莫考试又考个不日毛。”

例三：单位开大会，主任要小明在黑板上写几个大字，小明说道：“算哒，我的字不日毛，你还是要小吴写。”

皮哒[$phi^{11}ta^{0}$]

有两种用法：一是指人不在乎、不想继续振作起来；二是指食物因长时间暴露在空气中受潮而变松软直至变质。

例一：小明一不听话，小明的爸爸就打他，邻居们都劝道：“你莫再为一丁点儿小事就动手打，要给细娃儿讲道理，你动不动就打，把娃娃儿都打皮哒，他也就无所谓哒。”

例二：过年买的米花糖，因保存不当，全部都变质了，妈妈心疼地说：“当时装的时候，没找个好口袋捆紧，现在都皮哒。”

估堆堆·煞果·漏油

估堆堆[ku^{35}tuei^{45}tuei^{45}]

表示没有办法，只好不在乎，反正就那样了，有破罐子破摔、瞎猫碰死老鼠之意。

例一：小明考试又是倒数，他爸爸看到试卷后批评道："你上课根本就没听讲吧，你看这些选择题，你都错了，你又是估堆堆搞出来的吧！"

例二：明天就要交年终总结报告了，小王只好加班，第二天早上就交上去了，对好朋友说："昨晚加了一个班，估堆堆写完哒，有个交的就行哒。"

煞果[sa^{11}ko^{53}]

有三种含义：一是指戏剧、电视、电影等的结局，相当于"大结局"；二是指事情发展的状况；三是指人生的最后评定，多用于不好的结果。

例一：粉丝都在追韩剧，今天晚上是最后一集，粉丝们都道："我们好喜欢那个长腿欧巴，今晚最后一集，请假不上班我都要看到煞果。"

例二：小王问小李职称评定结果，小李回答道："不说哒，没得么子煞果。"

例三：老周去世了，他一辈子孤苦伶仃，邻居们在背后无奈地说道："老周苦啊一辈子，到头来就这么个煞果，人活起真的没什么意思。"

漏油[ləu^{35}øiəu^{11}]

表面上是指漏失了灯油，用来比喻做事耗费的精力、财力、物力过多，得不偿失，是败家行为。

例如：老吴想让规划局违规划拔点厂房用地，朋友劝他说：

"你要想办成这事，那就好漏油，还是算哒。"

颠倒·打头·哈个匝·硬是

颠倒[$tin^{45}tau^{53}$]

不是普通话的"倒置"意思，是指人或事情朝着相反的方向发展，多用于说话提醒、埋怨对方的语境当中。

例一：小明妈妈检查小明的作业时看到涂改的痕迹说道："这个题，你明明写对哒，你又擦了重写，颠倒还搞错哒。"

例二：同事相约外出，不熟悉路况，问了许多路人，各自指的路程都不一样，同事们都迷路了，领队说："你们再不要问路哒，本来可以走得好好的，你们七问八问的，颠倒还问迷路哒。"

打头[$ta^{53}th\partial u^{0}$]

表示反问、假设、质疑、否定的语气，主要用于强化对人或事物的不满语气，有时可以扩展为"打头几多"。

例一：小明跟妈妈说想报名参加学校的暑期夏令营活动，妈妈拒绝了，说道："你打头学习好了是一说，学习又不好，去搞么子！"

例二：小明要妈妈在暑假时买一台电脑，妈妈说："你打头几多自觉，买啊电脑，你成天就玩游戏。"

你三：小明爱看网络小说，看得如醉如痴，爸爸说："那些东西打头几多好呢，你成天盯到盯到看。"

哈个匝[$xa^{53}ke^{0}tsa^{11}$]

语气词，表示意外、惊讶、兴奋等语气，有时可以用于对儿童的赞赏，一般在句中做独立语，置于句首。

例一：建始人到了旅游景点，兴奋地说："哈个匝，这里的风景好美！"

例二：小王非常能吃，一个人吃了五碗饭，同事们都说："哈个匝，你把别个饭店都吃垮哒。”

例三：小明考试全班第一名，奶奶高兴地说：“哈个匝，考啊双百分，我的孙娃儿好棒啊！”

硬是[øən^{35}ʂʅ^{45}]

语气词，有三种含义：一是指真的是、完全是、绝对是；二是指不可更改、就是；三是指没有一点回旋的余地、十足。

例一：小明不听话，总跟父母对着干，母亲说：“你硬是不听话，我要是哪天死哒，那硬是被气死的。”

例二：老王常年在建筑工地上劳作，身体已经严重透支，老伴儿心疼地说：“你这身体啊，硬是累垮的！”

例三：小丽的父母不同意小丽和男朋友结婚，小丽绝食抗议，父母没办法，说道：“这个娃儿的个性太强哒，硬是饿哒三整天，没有沾一颗米。”

凉浸·快干·阴不拢耸·毛焦火辣

凉浸[liaŋ^{11}tɕhin^{45}]

形容凉，比“凉”程度要重，比“冷”程度要轻，根据语境的不同，个人感受到的舒服度或能承受的程度也各不一样。

例一：炎炎夏日，大人小孩子来到游泳池，下水后，开心地说道：“好凉浸的水啊，好舒服！”

例二：立秋后，母亲叮嘱小孩子奶奶说：“现在早头夜晚的凉浸哒，您出门带孙娃儿的时候，记得带件外套。”

快干[øiaŋ^{45}kan^{45}]

由于没有太阳，由湿渐渐变干。

例一：小王在河里玩水，衣服都打湿了，同伴要他换件衣服，小王说：“不要紧，一会就快干哒。”

例二：好长时间没出太阳了，妻子埋怨道：“这太阳也没得，洗得衣服都晒不干，只好慢慢怏干。”

阴不拢耸[$øin^{45}pu^{0}lon^{45}son^{0}$]

有三种含义：一是指环境幽暗无光、阴暗潮湿；二是指人性格古怪、阴冷；三是指悄悄、不经人同意或不打招呼。

例一：奶奶问小明××山洞好不好玩，小明说：“不好玩，里边阴不拢耸的，还没开发好就开始卖票，想钱想疯哒。”

例二：老吴性格孤僻，不太合群，新来的同事对别人说：“老吴这个人不苟言笑，看起来阴不拢耸的，我还有点蛮他哩。”

例三：小张开会迟到了，悄悄从后门溜了进去，散会时，领导问小张：“你哪个时候阴不拢耸跑进来的?”

毛焦火辣[$mau^{11}tɕiau^{45}xo^{53}la^{11}$]

形容非常心焦、急躁。

例如：老王的新房漏水，跟物业多次沟通都没有结果，熟人问他什么时候搬进新居，老王说：“提到搬家就毛焦火辣的，为房子的事搞得我脾气都没得哒。”

哈·婷·快酸·玩格·带劲

哈[xa^{53}]

有四种含义：一是指场面失控；二是指过分、过头；三是指蠢笨；四是指出手重、下手狠。

例一：春节过完了，同事们见面后都说长胖了，领导打趣道：“那是嘛，过个年，都是哈吃哈胀，不长胖才怪。”

例二：梅雨季节，雨过一直下，大家都很担心地说道：“这个雨怎么这么哈起哒下，今年子的收成又泡汤哒。”

例三：小明考试又没考好，妈妈教训道：“你说你是不是哈，这个题是课本上的原题，你居然都没做对。”

例四：小丽到居委会哭诉：“我要跟我男客离婚，他打起人来好哈。”

婞[tɕin53]

有三种含义：一是指傻；二是指不可理喻；三是指鲁莽。

例一：小强学习不好，父母经常批评他：“我们也不晓得做啊么子孽，生个娃娃儿那么婞。”

例二：王大爷批评小明：“你说你婞不婞嘛，把个猫娃儿往水里扔，你这在国外是犯法。”

例三：过马路时，小明乱闯红灯，爸爸拉住他说道：“你怎么这么婞，马路上能到处乱跑?!”

怏酸[øiaŋ45suan45]

有三种含义：一是指看不起人；二是挑剔、刁难；三是指讥讽、挖苦。

例一：小花嫁了个有钱的老公，看到以前的小姐妹都爱理不理的，朋友议论道：“她现在好怏酸，我们又不找她借一分钱。”

例二：婆媳闹矛盾，儿子在中间跟媳妇打趣道：“莫那么怏酸，以后还要将就他儿带孙子哩。”

例三：甲乙两同学见面了，甲说：“在哪里发财啊，开这么高级的车。”乙说：“没怏酸我，我这是给老板打工开车，我哪里买得起车嘛!”

玩格[øuan11ke11]

讲排场、好享受、爱显摆。

例一：小明买了最新款的苹果手机，母亲看到后说：“你还蛮玩格嘛，在屋里白吃白喝，不交生活费，买手机倒是舍得花钱。”

例二：甲买了一辆豪车，乙对甲说：“你好玩格啊，买这么高档的车，借我开几天也玩格玩格。”

带劲[tai35tɕin35]

很舒服、很开心、很顺心的感觉，多用以指对某事物的感受，有时也指身体好或心情好。

例一：登山时，老李指着脚上的草鞋对同事说："你们莫看这个草鞋样子不好看，登山才带劲哩。"

例二：领导给老张做工作，让他内退，回家后老张对老伴儿说："这个事我越想越不带劲。"

例三：小王对小周说："昨天晚上老丈人急诊，我忙啊一整晚上，我今天不带劲，你今天帮我填下班。"

饿怂·屙里狗血·和里巴闲儿·淡岔岔

饿怂[$øo^{35}soŋ^{11}$]

有两种意义：一是指贪嘴贪吃，吃相不好，可以用于小孩子也可用于成人；二是指贪得无厌。

例一：红白喜事聚餐时，小王家的小孩子总是最先把菜往碗里扒，下席后，其他人背地议论："那个细娃儿怎么那么饿怂，一点吃相都没得，大人平时没给他做好吃的？"

例二：同事们评论老郑时说道："老郑这个人太饿怂哒，街上有个石头都恨不得捡回家去。"

屙里狗血[$øo^{45}li^{53}kəu^{53}tɕue^{11}$]

有两种意义：一是指小气，气量不大；二是指恶心。

例一：单位为灾区募捐，大家都纷纷捐款，小王悄悄溜了，同事们都说："就他屙里狗血的，把钱看得重得不得了。"

例二：同学们聚会，说好了某人请客，结果同学们到后，他只简单点了几个素菜，还假装说平时大鱼大肉吃多了，换个清淡的口味。饭后大家说他"屙里狗血"。

和里巴闲儿[$xo^{11}li^{0}pa^{45}ɕiɚ^{11}$]

有两种意义：一是指开玩笑；二是指不严肃、不认真、敷衍了事。

例一：单位开纠风改错会议，大家嘻嘻哈哈没当回事，领导加重语气说道："不准和里巴闲儿，我们要认真对待这次会议精神。"

例二：小强和小花认识不到一个月就结婚了，朋友们说道："你们这么和里巴闲儿地就结婚哒，太不可理喻哒！"

淡岔岔[$tan^{35}tʂha^{53}tʂha^{53}$]

指没有意义和价值、不值得重视。

例一：小强业余时间喜欢参加野外拓展活动，他老爸经常说道："你没得事多做点正事嘛，一有空就去搞那些淡岔岔，浪费钱不说，还有生命危险。"

例二：小丽听到一些闲话很生气，母亲安慰道："莫为那些淡岔岔的事情生气，身体气病哒是自己的喔！"

合拍·值得·就倒·摸蛆

合拍[$xo^{11}phe^{11}$]

有两种意义：一是指两种东西能十分和谐地搭配在一起；二是指某人与别人合作非常融洽。

例一：小王自己从五金店买回装修要用的螺丝，装修师傅看了之后，说道："你买的这个螺丝和你屋里的螺帽不合拍，你不是在我给你说的那个店里买的吧！"

例二：新任的书记和厂长经常意见不统一，让职工很为难，职工私底下说："新来的两个一把手不怎么合拍，搞得我们麻烦死哒。"

值得[$tʂʅ^{11}te^{0}$]

指合算、划得来。

例一：老张为儿子的婚事到处奔波，儿子很过意不去，老张说："人一辈子就结一次婚，把你的婚事忙完哒，我们老两口豁些精力也值得。"

例二：老李用自己收藏的邮票换别人的善本图书，儿子问值得不，老李回答：“当然值得。”

就倒[tɕiəu^{35}tau^{0}]

有两种含义：一是指由着他人或自己做事；二是指依附别人或他物，相当于“将就”。

例一：小张大学毕业想去外地工作，父母多次反对。小张的姐姐说：“这个就倒他就是的哒，这么大的人，应当有自己的主见。”

例二：母亲埋怨女儿说：“从小到大，我们都就倒你，我们现在老哒，你也应当有些事就倒我们一下嘛。”

例三：老王平时打好几份工，老伴儿劝道：“你也是这么大年纪的人哒，还是要就倒哈个人的身体，莫太辛苦哒。”

摸蛆[mo^{45}tɕhy^{45}]

指做事动作缓慢，效率低下。

例一：小丽写作业每晚都写到很晚，母亲说：“你写个作业，怎么像摸蛆，慢得要死，别个都睡哒，就你还在写。”

例二：小花约小芸一起逛街，小芸好长时间都还没到，小花打电话说道：“你在摸蛆啊，还没摸出门。”

皮踹踹·馊臭·熟趟·出趟·哈

皮踹踹[phi^{11}tʂhui^{53}tʂuai^{53}]

指本来酥脆的食物因长时间存放而变得难以咬碎。

例如：妈妈拿着一包过了保质期的芝麻片说：“这个芝麻片时间放长哒，现在吃起来皮踹踹的，我的牙齿咬不动哒。”

馊臭[sɿ^{45}tʂhəu^{35}]

食物因发酵变质而产生的酸腐臭，多用于饭菜。

例一：夏天，妻子对丈夫说道："热天哒，你晚上把没吃完的饭放在冰箱里去，免得馊臭哒。"

例二：老王夫妇在街上看到乞丐在垃圾桶找东西吃，便说道："这些东西都馊臭哒，怎么还吃得，年纪轻轻的，哪里找不到点事做，硬要这么过。"

熟趟[ʂu̯^{11}tan^{35}]

有两种含义：一是指瓜果蔬菜类熟透；二是指动作行为十分流畅、熟练。

例一：小明买了一堆西红柿，妈妈摸了一下说："这些番茄都熟趟哒，果然便宜无好货。"

例二：小强带着亲人自驾游，一路上轻车熟路，妈妈打趣道："你对这些景点好熟趟，你干脆改行做导游算哒。"

出趟[tʂu̯^{11}tan^{35}]

指动作行为非常大方，不忸怩、不做作，一般用于对小孩子的表扬。

例一：公司元旦晚会，大家都带着小孩子一起来热闹，节目主持人要小花上台表演个节目，小花高兴地答应了，其他大人都说："小花好出趟啊，我们屋里的就不行。"

例二：学校排舞蹈，刚开始大家还放不开，教练老师说道："大家跳得都不错，再出趟一点儿就更好哒。"

哈[xa^{45}]

主要指食物长期存放又经历夏季，口感失去原味而变得难以入口。

例一：老周熬了一盆猪油，邻居对他说："你往猪油里撒几颗花椒，这样热天里就不得哈。"

例二：小丽到奶奶家去玩，奶奶拿出瓜子水果招待，小丽吃了几颗瓜子说："奶奶，这个瓜子哈哒，吃不得哒！"

大发·宽朝·敞阳·轻省·耿直

大发[ta^{35}fa^{11}]

形容数量多、程度重，主要表示惊叹、羡慕等语气。

例一：甲乙两人谈起到广东经商的同事丙说："他是广东那边刚开发的时候就过去哒，现在挣大发哒，车子就是好几个。"

例二：小王骑车摔成了骨折，他爸爸说道："你这回就大发哒嘛，平时要你骑车过细点，你不听。"

宽朝[khuan^{45}tʂhau^{11}]

有两种意义：一指空间宽敞、宽阔；二是指手头钱财丰裕。

例一：五一节，老王要想亲戚朋友聚一下，老伴儿说："就把亲戚喊道屋里来玩嘛，反正屋里也还宽朝，坐十几个人没得问题，何必把钱浪费到外头哩。"

例二：小强要结婚了，向姑妈借钱，姑妈说道："你和你表哥赶到一起都要结婚哒，我现在手上也不是蛮宽朝。"

敞阳[tʂhan^{53}øiaŋ^{11}]

有两种意义：一指空间宽敞、视野开阔；二是指心情舒畅。

例一：老王搬新家了，老邻居来拜访，都说道："这个地方好敞阳，屋前也没得其他的挡到，一眼可以把建始城全看到。"

例二：小红失恋了，妈妈劝道："心里放敞阳点儿，谈不成就谈不成嘛，又不是只有他一个男娃儿。"

轻省[tɕhin^{45}sən^{0}]

有两种意义：一是指重量轻，不费体力；二是指心情舒畅、没有负担。

例一：老张去火车站接儿子，看到儿子后说道："来，把箱子给我，你提那个轻省的包!"

例二：老周的儿子大学毕业参加工作了，邻居笑道："你现在轻省哒嘛，儿子个人挣得到钱哒，你们也可以过几天舒服日子哒。"老周笑道："哪里轻省的下来，接下来儿子还要买房、结婚，我们还要带孙娃儿！"

例三：小强的爸爸对小强说："你还是要认真学习啥，以后不要像我们一样下苦力，还是吃个轻省饭啥！"

耿直[$kən^{53}tʂʅ^{11}$]

指的是正直、直爽，不拖欠。

例一：老周请老王帮忙，老王一口答应了，老伴儿说道："你啊，就是太耿直，别人一喊就答应，明天你还要送爷爷去医院，哪有时间？"

例二：打麻将，三缺一，甲说把丁叫起来，乙说："算哒，不喊丁，他一点不耿直，赢得输不得，还是叫小张来，他耿直，输哒就是输哒，直接开账。"

板·掸·扯·糙·搊·告

板[pan^{45}]

有三种含义：一是指使固定的东西分离；二是指争辩；三是指压低价格。

例一：小明学习不认真，他妈妈教训他："你学习就和猴子板苞谷一样，板一个扔一个。"

例二：小强青春期总爱跟父母争吵，父亲说道："你现在莫和我两个在这板，你现在不听我的，以后吃亏的难道是我？"

例三：王老太到菜场去买菜，总爱计较一些零钱，卖主说道："你儿那么大个年纪，莫那么一分一厘地板小钱嘛！"

掸[$ʂan^{45}$]

有两种含义：一是指用条状物或手掌抽打；二是指用物驱逐

(蚊蝇)、去除(灰尘)等。

例一：小明爸爸经常教训小明说："你再调皮，小心我又掸你屁股几条子。"

例二：甲经常中伤乙，乙忍无可忍，对甲说道："你以后再瞎说八道，小心我掸你几耳巴子。"

例三：建始老一辈人夏季入睡前，都要把帐子里掸一下，然后再放下帐子，环保又舒心。

扯[tʂhe⁵³]

有三种含义：一是指拉开、延展；二是指弄乱环境、弄脏卫生；三是指挪用、借用、弄来或搞钱。

例一：夏季的夜市很热闹，城管说："每天一到五、六点钟的时候儿，街上的地摊一扯就是几百米，我一个人根本管不过来。"

例二：小明经常把房间弄得很乱，妈妈说道："我昨天才跟你把屋里收拾好，怎么今天就扯成这个样子？"

例三：小芸考上大学，学费还差很多，姑妈听说后对小芸妈说："我这还有几千块钱，本来是给我屋里的买电脑的，扯哒先给小芸交啊学费再说。"

例四：买房首付还缺一部分，女朋友说："你看看还在哪扯点儿先把首付交哒着。"

糙[tʂhau³⁵]

有三种含义：一是指搅动、搅拌；二是指翻找、翻寻；三是指拉扯是非，制造麻烦。

例一：炒菜时，妈妈接电话要去签收快递，对小明说："你把锅里的排骨糙一下，不是烧糊哒。"

例二：小丽要参加一个同学聚会，把衣柜翻遍了也没找到合适的衣服，妈妈进来说道："你怎么把个衣柜糙成这个样子，你说的那件衣服不在这边衣柜。"

例三：小王对去年的单位的处理结果不满意，又约上几个工友一起找老板，老板说道："去年这个事都已经协商哒，你现在又来糙。”

搊[$tsh\partial u^{45}$]

有三种意义：一是指在后边推或者掀；二是指泼洒；三是指扶持住或背后帮助。

例一：一位拉煤的老大爷拉车走上坡，小明对小伙伴儿说：“走，我们上前在后头搊一下。”

例二：小王两口子吵架，小王朝妻子叫嚷道：“你再瞎说八道，我把这碗饭搊啊你脸上去。”

例三：小强大学毕业了，妈妈对他说：“你这几年大学，多亏一些亲戚经常搊我们，你以后要记得别人的好喔。”

告[kau^{35}]

有两种意义：一是指试、揣摩；二是指核对。

例一：小强带着奶奶去买鞋，拿了一双鞋递给奶奶说：“你儿把这双告一下，看穿不穿得。”

例二：老王在肉摊上买了六斤肉，掂量了一下对卖主说：“这个肉提着好像没得六斤，我去找个称告一下着再给钱。”

编排·打发·揍和·打野·翻翘·估倒

编排[$pin^{45}phai^{11}$]

指毫无根据地凭空捏造、编造。

例如：面对对方的指控，小吴说道：“哪有这样的事，都是你们编排的，你们要这么编排我，我也没得办法，但是法律是讲证据的。”

打发[$ta^{53}fa^{11}$]

有三种意义：一是指长辈对晚辈的赠与；二是指施舍或敷衍；三是嫁女儿。

例一：老王第一次看到侄孙子，回来后对老伴儿说："第一次看到姐姐的孙子，给了个打发，小孩子长得好可爱。"

例二：食客们在餐馆吃饭，一个乞丐朝食客们要钱，有的食客不满地对老板说："老板，给个块把钱打发一下嘛！"

例三：人口普查员问老张家情况，老张回答说："三个姑娘，打发了两个，还有一个在上大学。"

揍和[$tsh\text{ə}u^{45}xo^{11}$]

有三种意义：一是指支持、帮助；二是指怂恿别人干坏事；三是指恭维话，相当于普通话的"恭喜"，褒贬语气随具体语境。

例一：街头耍猴艺人表演完节目，双手一抱，对大家说："各位，揍和一下，有钱的丢几个给猴子买个零食。"

例二：几个小朋友为了一点小事打起来了，有一个小朋友被打哭了，他奶奶走过去愤愤地对其他小朋友的家长说："我晓得，肯定是有人在背后揍和打我的孙娃儿。"

例三：小李添第二个儿子了，邻居们笑着对他说："揍和你又要准备买第三套房子哒。"

打野[$ta^{53}\text{ø}ie^{53}$]

有二种含义：一是指工作学习注意力不集中，分心；二是指有外遇。

例一：王老师向小明的妈妈反映情况："最近小明上课有些爱打野，点他回答问题总是答非所问，你们要在屋里关注一下。"

例二：同事调侃小王："小王的老婆管得才紧，莫说打野，平时看都不敢多看女同事几眼。"

翻翘[$fan^{45}t\text{ɕ}iau^{45}$]

有两种意义：一是指赌博用语，由输家变赢家；二是指无聊至极、无事找事，相当于北京话里的"没事找抽"。

例一：小张昨晚打牌输了好几千，后悔地说道："昨晚打麻将，刚开始输了几百，想翻翘，结果越打越输，这下回去老婆要嘅死我。”

例二：周阿姨跟邻居谈起自己儿子时说道：“不说哒，大学毕业好好的事业单位不去上班，要翻翘，和他同学一起做生意，结果亏得裤子都没得穿的哒。”

估倒[$ku^{53}tau^{53}$]

有三种意义：一是指强迫、逼迫；二是指难倒了对方；三是指猜想、猜测。

例一：酒桌上，小王不胜酒力，小张对小王说：“喝不得哒，就莫估倒喝，身体是个人的。”

例二：单位准备修建集资房，每家三天之内出五万元定金，张阿姨说：“这下肯定把我估倒哒，三年我也拿不出这么多钱。”

例三：同事们商量周末一起去恩施大峡谷玩，在约人时，小王说：“我估倒老周肯定不会去，他儿子刚做完手术。”

经佑・默・挠・搣・嚼蛆・喝利巴子

经佑[$t\text{ç}in^{45}\text{ø}i\text{ə}u^{45}$]

有两种含义：一是指操持、主持；二是指侍候、照料。

例一：老张比较大男子主义，在家什么事都不管，老伴儿埋怨道：“你啊，每天只晓得吃，屋里样行事都是我在经佑，你硬是一点我忙都不帮。”

例二：老王的老伴儿瘫痪在床，家里所有的事都是老王在打理，邻居叹息道：“这些年苦啊老王，他屋里的全靠老王经佑，不容易啊。”

默[me^{35}]

有两种意义：一是指默记在心；二是指考虑、思忖、估量。

例一：小王性格直爽，有什么事总爱摆在明面上，他妻子劝道："有些事，你默在心里就是哒，何必要闹到台面上。"

例二：小强找小明融资炒股，小明说："这个事，我昨默啊一下，好像风险太大哒，你再找别人商量一下。"

挓[lau^{53}]

有三种意义：一是指扛、背；二是指抬起、举起；三是指拿。

例一：老吴在车站搬货物，老板对老吴说："你儿年纪大哒，把这袋轻省的挓到那边去就可以哒，这个重的让年轻的挓。"

例二：大家都在做卫生，只有小张一个人还在桌子边吃饭，扫地的说："麻烦你把脚挓起来一下，我好扫地。"

例三：李奶奶对小明说："这个墙壁这么干净，你怎么挓起笔就在上头乱画啊？以后再莫画哒啊！"

摵[mie]

有两种意义：一是指把体积小的物体用手掰开；二是指剖析道理、分析文章。

例一：妈妈对小明说："你把桌子上的面包和苞谷一样的摵一半给小军吧。"

例二：教研室评析张老师的公开课，李老师说道："把课文摵得太烂、讲得太细也不见得好，有时候还是要让学生自己动啊脑筋。"

嚼蛆[$tɕiau^{11}tɕhy^{45}$]

有两种意义：一是指建始方言中比较有特色的詈语，批评别人信口胡说、瞎说八道，语气较重；二是指三五个人在一起聊闲天，多用于熟人之间调侃。

例一：小丽愤愤地对小红说："你嚼蛆，我什么时候跟小强谈过朋友？"

例二：小芸对其他几个姐妹说："你们几个在这嚼蛆嚼啊这么半天，商量好啊不得，国庆到哪里去玩？"

喝利巴子[$xo^{45}li^{35}pa^{45}ts\eta^{0}$]

建始方言中詈语，主要用于责骂酗酒的人，有时可以简化为“喝利”。

例一：小强晚上喝多了，被哥们送回家去了，妻子骂道：“又在外头喝利巴子，怎么不死啊外头嘛，还回来搞么子!”

例二：小刚酒驾被处罚了，他妈妈责骂道：“你找时背，晓得要开车还喝利，出啊事怎么得了!”

摧·搩·敹·逮·刷

摧[$tɕhye^{53}$]

有二种意义：一是指折断，多用于折断易折之物；二是指毁掉，有时也用作威胁之语。

例一：登泰山时，小刚拿出一根黄瓜摧成两半，给了一半小强，吃完后继续登。

例二：小明爸爸看到小明的成绩单后说：“你看你成天只晓得打羽毛球，你再不把心思放在学习上，你看我把你的羽毛球拍给你摧啊哒。”

搩[$tʂai^{35}$]

指用钉子、针线固定不同物件，固定的物件可大可小。

例一：小丽妈妈对小丽说：“你去把铺盖面子和里子拿出来，下午天气热呼，我们一起来搩铺盖。”

例二：小明衣服上的扣子掉了，小明妈妈说：“要你姐姐跟你把扣子搩起来，岔到个衣服像个么子样子。”

敹[$liau^{11}$]

有两种意义：一是指用手工缝、补轻便、细小的物件；二是专指一种缝衣法，可使衣料正面上的针脚不明显，多用来缝合袖边、脚边等。

例一：小强妈妈对小强说："你衬衣破了一个口子，脱下来我给𢿵起来。"

例二：小丽的羽绒服磨破了一个口子，扔了怪可惜的，妈妈就买了个卡通机器猫把它𢿵在口子上了。

逮[tai^{53}]

有三种用法：一是指突然快速用力把东西扯抢走或扯断；二是指被偷；三是指吃饭。

例一：李女士戴的项链被飞车党抢走了，她向警察报案时说道："我当时正在路上走，从后头过来一辆摩托车，车上的人伸手就把我脖子上的项链逮起走哒，我还没回过神来，人就不见哒。"

例二：老王家被盗了，邻居们说道："哎，可惜哒，别的都没丢，就是老王祖传的玉石被逮起走哒。"

例三：小刚对小明说："走，中午到我屋里逮饭去。"

刷[ʂua^{45}]

指的是向上卷起，相当于普通话的"挽"。

例一：小区进水了，小明妈妈对小明说："出门的时候，把裤子刷起点儿走，免得又打湿哒。"

例二：王师傅和面时，袖子老是往下掉，举起双手对小徒弟说："你跟我把两个袖子刷高点，免得老是掉下来。"

稳起·引·扎起·蒙·擿

稳起[øuən^{53}tɕhi^{53}]

指的是隐瞒或沉注气、不动声色，词义的褒贬随语境而灵活变化。

例一：警察对嫌疑人说："你不晓得稳起的，你的同伙都已经说哒，现在就只差你交待签个字哒。"

例二：单位大会上，大家都踊跃发言，只有老王没做声，大伙说："老王，你还稳起做么子，现在不说再就没时候说哒。"

引[øin^{53}]

有两种意义：一是指带领；二是指照看孩子。

例一：小强妈妈说："我和你爸爸明天都要上班，你明天引姑妈到石门河去玩嘛。"

例二：二胎政策出来，小丽问小红要不要二胎，小红说："我们两口子都要上班，双方老人年纪都大哒，没得人引娃娃儿，还是算哒。"

扎起[tʂa^{53}tɕi^{53}]

有两种意义：一是指欺瞒不报；二是来源于黑话，后指背后撑腰。

例一：小明考试没考好，没给家长说，父母知道情况后说道："成绩考得好不好另外一回事，你把这个事给我们扎起就不对哒，以后不能这样。"

例二：竞标会上，小王有点畏手畏脚，小林说道："你只管胆子大一点，有老总给我人扎起，你怕么子嘛！"

蒙[moŋ^{53}]

有两种意义：一是指用手捂住；二是指暂时或长久不公开，不让他人知道。

例一：水灾后，街上各种气味弥漫，行人出门说："好臭，不把鼻子蒙到怎么受得了。"

例二：家长会后，家长回来对孩子解释道："马上会考，就是初二把历史地理生物先考完，成绩不跟你晓得，先蒙到，等你中考后再算总分。"

摛[tʂʅ^{45}]

有两种意义：一是指伸手；二是指打架。

例一：小明妈妈在洗衣服，手上到处都是肥皂泡，对小明说："你把那个干净帕子摛跟我，我擦下汗。"然后接着抱怨："屋里的家务事，你们两爷子都不帮忙摛手，我成天累得要死。"

例二：甲乙发生口角，双方都很激动，甲说："怎么的，你还想摛我一下，你摛哒试试！"

踀·合闲儿·敨·啄·踏

踀[$tʂuai^{45}$]

建始方言中的一般动词，有两种意义：一是指双腿下蹲；二是指牙齿遇冷酸软。

例一：广场上举行文艺活动，围了一圈又一圈，站在后边的观众对前边的观众说道："你们前头的人踀倒起嘛，要不然我们后头的看不到。"

例二：李奶奶去看牙医，对医生说："我的牙齿现在一遇到冷水，牙齿就一踀，蛮难受，干脆拔哒算哒。"

合闲儿[$xo^{11}xiɚ^{11}$]

有两种意义：一是指开玩笑；二是指不认真做事、态度不严谨。

例一：愚人节当天，小李恶搞了小王，事后小李拍着小王说："合闲儿的，莫当真，节日快乐！"

例二：抗洪动员会上，领导说："水火无情，哪个要是合闲儿把人民的生命财产不当回事，发现后就地免职。"

敨[$tʰəu^{53}$]

有三种意义：一是指抖落尘土等；二是指打开封闭的包裹物倾倒；三是指用清水稍微清洗一下衣物。

例一：老王把货物搬运完毕后，老伴要他把衣服脱下来洗一下，老王说："没必要，反正是工作，我敨一下就是了。"

例二：邻居们捉住了一个小偷，小偷拒不承认偷东西，大家说道："你把你的包包敨一下，没有我们就道歉。"

例三：小丽试穿了新买的连衣裙，不肯脱下来，妈妈说道："新买的贴身的衣物要先敨一下再穿，要不然对皮肤不好。"

豖[tʂua^{11}]

有三种意义：一是指用脚踢动物品使之移动，多半是不礼貌的行为，主动要求对方完成这个动作行为除外，相当于普通话的"踢"；二是用作一种动脚的武力动作威胁语；三是指脑袋下垂。

例一：小明对妈妈说："我们班下午和二班的一起豖足球，跑的时候被二班的一个大个子豖啊一脚。"

例二：爸爸在洗脚，没穿睡觉的拖鞋，对小刚说："把门后头的拖鞋给我豖过来一下。"

例三：小强爸爸看到小强的成绩单后，愤怒地说道："又考这么个样子，你小心我几脚豖死你！"

例四：小刚写作业时，写字的姿势不对，小刚妈妈说："把身体坐直，你看你把个脑壳都豖到本子上哒。"

踷[tʂha^{45}]

与普通话的"踩"意义相类似，但使用范围要小得多，一般只用于踩着水、泥浆之类的东西前行，不能用于向上的动作。

例一：公交车上，甲对乙说："莫挤莫挤，我后头有个细娃儿，你差点把他踷到哒。"

例二：雨过天晴，路面上还有些积水，妈妈对小强说："走路看倒点儿，莫踷水。"

记觉·母量·甩·包渣·日白

记觉[tɕi^{35}tɕio^{11}]

指留心、留意、注意，不可单用，必须与否定副词"没"构成

“没记觉”固定结构，表示没留心、没留意、没注意。

例一：同事们在一起聊天，过了一会儿少了一个，有人问：“老张呢？”其他人答道：“刚才和你们聊得火热，还真没记觉，不晓得他到哪里去哒。”

例二：小张跟同事说：“我刚才坐公交车的时候，小偷趁我没记觉的时候把我的钱包抱起就走哒。”

母量[mu^{53}liaŋ^{11}]

指估计、估量、猜想。

例一：小张快要结婚了，跟父母商量说道：“我母量啊一下，两边的亲戚合起来有个十二三席。”

例二：高考结束了，父母对孩子说：“你母量你考得了哪个学校？”

甩[ʂuai^{53}]

指理睬，常与“莫”“懒得”“不”等否定副词结合使用，表示“不理睬”“不要去理睬”。

例一：妈妈对小孩子奶奶说：“你让他哭，莫甩他，看他哭到哪个时候儿。”

例二：街上有很多贸然拉客推销的人，小明说：“我看都没得眼睛看，懒得甩他们。”

包渣[pau^{45}tʂa^{45}]

指把剩下的全部应承下来。

例一：老王家办喜事，老王到菜市场对卖土豆的说：“你这里的土豆还有好多？我全部包渣。”

例二：小芸考上了大学，小芸舅舅说：“你们先去凑一部分学费，还缺多少，我来包渣就是的哒。”

日白[zʅ^{35}pe^{11}]

有两种意义：一是指撒谎、说假话；二是指闲着没事聊天。

例一：小刚爱撒谎，找老王借钱做生意，老王拒绝了，背后说道：“他成天到处日白，哪个敢把钱借跟他？”

例二：老王晚上十点多才回来，老伴儿埋怨说：“又到老李屋里去日白，不晓得早点儿回来帮倒搞下卫生。”

噘人·瞅·绿·挨炮·卯起·惟愿

噘人[$tɕye^{11}ʐən^{11}$]

意为骂人。

例一：两人发生口角，甲恶语相向，乙警告甲：“你再噘人，我就打你。”

例二：五岁的小刚爱骂人，奶奶教育道：“你这么小，就喜欢噘人，那就没得哪个喜欢你喔。”

瞅[$tɕhiəu^{45}$]

相当于普通话的“瞪”，用白眼珠子看人，含有敌视或瞧不起、讨厌、厌恶的情绪。

例一：小刚爸爸教训小刚：“你在学校为什么要打同学，说你还不听，你还瞅老师？”

例二：大商场里，顾客试了一件衣服，没买。售货员在背后瞅了一眼顾客，说道：“试哒又不买，让我白跑一趟。”

绿[lu^{11}]

动词，与“瞅”意义差不多，但“绿”使用范围要小一些，不表示瞧不起的情绪。

例一：小明和小强发生了争执，小明对小强说：“你那么绿倒我干什么，你有本事也去跑个第一名。”

例二：老王绿了一眼随手要钱的乞丐，说道：“年纪轻轻的也不去找个事做。”

挨炮[øai^{11}phau^{35}]

建始方言中诅咒对方的詈语，起初表示咒骂对方被枪决，后泛指咒骂对方受到严厉的惩罚。

例一：老王的儿子成年后不学好，到处惹是生非，老王经常骂道："你这个挨炮的，我肯定是前世做啊恶人，生你这么个家伙。"

例二：独居老人老周家被偷了，邻居骂道："那些挨炮的，偷别个孤寡老人的东西。"

卯起[mau^{53}tɕhi^{53}]

指付出极高的代价，相当于普通话的"豁出去"。

例一：小王要结婚了，婚房、办酒、彩礼，这都要钱，他父母自嘲道："以作儿子打死老子，卯起把钱不做数，还不是要这么办。"

例二：小李晚上工作到十一点还没完成任务，于是跟同伴儿说："反正已经十一点多哒，卯起加个班，今晚上搞完，明天放半天假。"

惟愿[øuei^{11}øyn^{35}]

相当于普通话的"希望"，多含有明知不能实现却还希望能实现的意味。

例一：小李和姐姐闹矛盾了，妈妈调和之后说道："你们是亲姐弟，我们百年之后，惟愿你们还和和气气的嘛!"

例二：小丽的妈妈不喜欢小丽谈的男朋友，对小丽说："我们还不是惟愿你找个好点的男娃儿，但那个男娃儿，我们真的觉得不合适。"

挤油·打油·斗鸡·跳房子·滚珠珠儿

挤油[tɕi^{53}øiəu^{11}]

建始当地儿童们秋冬季玩的一种游戏，即许多儿童在一起互相挤兑，被挤出局者为输家，后来泛化为拥挤。

例一：老师在班上对同学们说："下课后不许挨到墙去挤油，把人挤倒哒不得了，居然还有一些女生也跟到一起挤。"

例二：旅游景点人非常多，每个人都被挤得寸步难行，都吐槽道："出个门像挤油一样，以后没得事还是少出门。"

打油[$ta^{53}øiəu^{11}$]

建始当地的一种游戏，两人分抬着第三人的手和脚，身体悬空左右摇动，主要用于成人与儿童之间。

例如：三岁的宝宝爱哭，父母招呼着说："来，我们来打油。"

斗鸡[$təu^{35}tɕi^{45}$]

建始当地男生玩的一种游戏，用双手将一条腿抱起置于另一条腿膝盖前，单腿向其他人撞击，双腿落地者为输家，参与者两人以上，后因危险性较大，现如今已不多见。

例如：老师教育男生道："有些男生正经的体育课不上，下课偏偏要三五成群的一起斗鸡，把腿撞断哒就是个人背时！"

跳房子[$thiau^{35}fan^{11}tsɿ^{0}$]

建始当地小女生喜欢玩的一种游戏，男生较少参与。用粉笔在开阔的地面上画出楼房的外形，并标上 1、2、3、4、5、6、7 等楼层，女生用小石板朝所标示的楼层由低到高逐层投去，没投中者等一下轮回重新开始。投中者单腿按楼层蹦跳并将小石板移至顶层，此过程中小石板和脚不压线，然后再由顶层返回底层。

例如：小花约小红说道："今天下午放学早，我们等会儿一起跳房子吧。"

滚珠珠儿[$kon^{53}tʂu^{45}tʂuɚ^{45}$]

建始当地男生玩的一种游戏，找一个地面连续坑洼不平的地方，在一定距离之外，用玻璃珠朝小坑滚去，滚入预定小坑者继续朝下一小坑滚去，未滚入者暂停一次，玻璃珠原地不动，最先滚入最后一个小坑者为赢家并拿走其他没入洞的玻璃珠。从居住环境和卫生情况来讲，现在已较为少见。

例如：小明从荷包里掏出一大包玻璃珠对小刚说："看，这都是我滚珠珠儿赢的。下课后，我借给你几颗，我们一起玩。"

捞·掌·给·安置·处置

捞[lau^{45}]

有三种意义：一是不同于普通话的从水中捞起的意思，指不要触摸、触碰别人的东西；二是指看病；三是指迷信的人请端工看风水做处理；四是指打人。

例一：小明和妈妈一起看《祥林嫂》，妈妈解释道："鲁老爷家的人认为祥林嫂是不吉利的人，所以过年的时候都不准捞供品。"

例二：小强看到家里有包快递，正要打开，妈妈说："你莫捞喔，那是隔壁张阿姨家的。"

例三：老朱的偏头痛找了好多医生都没缓解症状，老吴说："我认识一个中医，我下午带你去找他跟你捞一下。"

例四：小杨家最近一直祸不单行，邻居周大妈对小杨说："我看你屋里今年子不顺，我看你是不是找个人在你屋里看一下，跟你们捞一下。"

例五：老张教训儿子不争气，儿子不服气地望着老张，老张说道："你那个眼睛瞪倒我搞么子，你还想捞我两下？"

掌[tʂan^{53}]

相当于普通话的"扶""握"。

例一：老周对老伴儿说："你把梯子给我掌倒起，我爬上去看看是哪里漏水哒。"

例二：小丽学骑电动车，小强说："你把前头的车龙头掌紧，身体坐直就可以哒，我在后头掌起。"

铪[xa^{45}]

有三种意义：一是指用指、趾或齿状工具刨、扒；二是指用刨、扒的方式寻找；三是指拿到手、抢到手。

例一：妈妈经常教训小明道："你看你写的字，像鸡铪的一样！"

例二：妈妈收拾小强的房间，床下好多垃圾和玩具，妈妈说道："小明，你自己拿个棍子把你床底下的这么东西铪出来。"

例三：春运期间，妻子对在电脑上网购火车票的老公说："不管哪一天的哪一趟，你先铪倒哒再说。"

安置[$an^{45}tʂʅ^{45}$]

有两种意义：一是指伺候别人；二是指安排、打算、处理。

例一：小红问小丽最近在忙什么，怎么好久不见了。小丽回答说："我老妈住院了，我在医院里安置啊两个月。"

例二：超市销售人员问负责人："这些货物马上要到保质期了，你看怎么安置，是不是还是按老办法打折出售？"

处置[$tʂhu^{45}tʂʅ^{45}$]

读音、意义与普通话完全不一样，指的是故意奚落、刺激他人，具有较强的调侃或贬义色彩。

例一：老王对小李说："你明明晓得我刚刚出院，你还处置我，约我一起喝酒。"

例二：小刚对领导说："我只是好心好意给公司管理提出一些个人建议，有些人就处置我，说看不惯就辞职嘛。"

胎·神·龇·溅血·找岔岔儿

胎[$thai^{45}$]

有四种意义：一是指掂量；二是指不情愿地承担；三是指衬、

隔汗；四是指揩油、贪污、截留、据为己有。

例一：老李要买个十多斤的西瓜，老板选了一个说道："这个瓜我胎了下，差不多十二斤。"

例二：老王对老周说："这回公司的损失是由对方造成的，怎么能要我们来胎哩？"

例三：小明奶奶对小明说："你刚刚跑得满身是汗，来我给你在背上胎个毛巾。"

例四：公司建筑大楼完工后，质量检查不合格，员工都说："这些包工头也不晓得从中间胎了多少，搞这么个水货大楼。"

神[ʂən^{11}]

在当地方言中主要有两种词性：一是作为动词，指承受、支撑；二是作为形容词，指调皮、不沉稳，带有不太强的贬义，一般用于小孩子。

例一：小强家装修时给阳台上设计很多附属品，设计师说道："这个阳台比较小，你安装这么多东西，我怕到时候阳台神不起，可能会发生意外。"

例二：老李在火车站搬货物，其他工友关心地问道："这些东西都蛮重，你一个人可能神不起 100 斤，和老刘一起抬吧。"

例三：小明奶奶对邻居说道："我这个孙儿好神，今天上午又把幼儿园的老师气哭哒。"

龇[se^{45}]

有两种意义：一是指小孩子哭闹；二是指开口说话，主要用于训斥对方；三是指撂开口子或缝隙。

例一：小强非常喜欢哭，他妈妈有时生气地说："以后不许动不动就龇，有话要好好说，要学会讲道理。"

例二：甲乙两人争吵，甲骂乙："你那个嘴巴一龇，我就晓得不会有什么好事。"

例三：小刚妈妈对小刚说："你去把门关下，门被风吹龇开哒，好冷！"

溅血[$tsan^{35}ɕye^{11}$]

比喻遭受坏事的影响或牵连，有时具有调侃的意味。

例一：街头上一群混混打群架，好多路人围观，有人说道："这些黑打手打架，这么多人围观，也不怕溅血，躲都来不及，围倒围倒看。"

例二：小明约小刘一起去蹭球赛，小刘说："算了，我怕溅血，上回小张去看，差点被挤死了。"

找岔岔儿[$tʂau^{53}tʂha^{35}tʂhɚ^{53}$]

相当于普通话中的"找茬"，指故意挑起事端。

例一：小刘回家后，嫌妻子做的饭不好吃，两人开始拌嘴，妻子说道："你是不是又在找岔岔儿？你要离婚明天就上民政局。"

例二：小明在家大声哭闹，奶奶来安慰他，小明妈妈说："莫管他，上午他要买变形金刚，没给他买，他现在是在找岔岔儿。"

打伴儿·接客·招呼·整酒·合

打伴儿[$ta^{53}pɚ^{35}$]

指的是约其他人一起，相当于普通话的"做伴"，有时也可用作"打个伴儿"。

例一：小丽对小红说："我妈的同事给我介绍啊一个男娃儿，你明天给我打伴儿，我们一起去。"

例二：王阿姨对李阿姨说："现在天黑哒，你屋里那条路又不看见，我给你打个伴儿，和你一起走。"

接客[$tɕie^{11}khe^{35}$]

指的是请客。

例如：老王对老伴儿说："我下午碰到他舅舅哒，他们明天下午在屋里接客，要我们早点都过去吃饭。"

招呼[tʂau⁴⁵xu⁴⁵]

有三种意义：一是指招待；二是指照顾、守护、呵护；三是指当心、留神，一般用作警示语。

例一：老王的准亲家到家里来回访，吃饭时，老王说道："没得么子好招呼的，就是点儿土特产、家常菜，莫见外。"

例二：小吴对小丽说："你嫂子坐月子，是哪个来招呼的？"小丽说："生啊一双胎儿，我妈和她各人的妈一起来招呼，忙着哒。"

例三：小强在雪地里高兴地蹦跳，妈妈说："看到地下，招呼摔倒哒。"

整酒[tʂən⁵³tɕiəu⁵³]

指办酒席，多用于红事，有时可以拆开为"整××酒"。

例一：小强的爸爸对小强说："我的同事都在问我么子时候儿整酒，我说等你大学录取通知书到哒再说。"

例二：老李向老伴儿说道："这个月的人情好重，前天老郑屋整搬家酒，后天老周屋里整学酒，都是推不脱的。"

合[ko¹¹]

指的是结交、与人相处。

例一：小王性格内向，同事们背后说："小王这个人工作倒是蛮积极，就是不太主动合人。"

例二：建始当地俗语说道："人在哪里走，就合哪方狗。"

佐·解交·捡嘴·向方儿·接鸡下巴儿

佐[tso⁵³]

有两种意义：一是指借钱的含蓄说法；二是指物物置换、交换。

例一：老王对老李说："儿子要结婚了，你要是不紧的话，找你佐几万块钱，婚事忙完就还。”

例二：单位抽签分房，小张没抽到心仪的房号，跟抽中的同事说：“跟你商量个事，我们屋里有两个老人，住 7 楼不方便，我们两家把房号佐一下，你看怎么样？”

解交[kai⁵³tɕiau⁴⁵]

别人吵架、打架时劝解、调解。

例一：老李对老伴儿说：“老吴两口子又在吵架，也没得人去解交，你过去劝一下。”老伴说：“哪个敢去解交啊，他们两口子经常连解交的一起噘。”

例二：婆媳二人吵得不可开交，街道主任说：“你们屋里的事不好说，外人解交也不好解，互相多谦让一点儿。”

捡嘴[tɕin⁵³tsuei⁵³]

有两种意义：一是指埋怨；二是指对别人的批评指责不当面及时反驳，等到抓住对方把柄时再蓄意加以驳斥。

例一：王婆婆对小儿子说：“当时为供你上学，让你哥哥下学打工，现在你的日子比你哥哥过得好，你哥哥和嫂嫂经常捡嘴说我偏心。”

例二：小李对小张说：“我以前说小吴做事不太认真，现在小吴当啊车间主任哒，就开始捡嘴说我。”

向方儿[ɕiaŋ³⁵fɚ⁴⁵]

想办法，多指借钱、借物的委婉语。

例一：李阿姨对老伴儿说：“儿子都快三十了，还和我们老两口子住一起，我们还是要去向方儿哒帮倒付个首付。”

例二：老吴住院了，家里的积蓄都用光了，老伴儿对他说：“你安心养病，莫担心钱的事，我们自不当然会去向方儿。”

接鸡下巴儿[tɕie⁴⁵tɕi⁴⁵ɕia³⁵pɚ⁴⁵]

指的是插嘴，对方还没说完就急忙抢话。

例一：周老师向小刚妈妈说："小刚这孩子，头脑灵活、思维敏捷，就是上课喜欢接鸡下巴儿，老师一句话还没说完，他就在下头接下句。"

例二：单位开大会，领导说一句，下边有的群众就反驳一句，领导说道："那几个接鸡下巴儿的，有话等我把话说完再接。"

操心・干啘・屙肚子・省事・歇嘴

操心[tshau11 ɕin45]

不同于普通话的"操心"，不读阴平，读阳平。有两种意义：一是指烧心、心里难受、胃里有灼烧的感觉；二是指心里不舒服、心情不愉快。

例一：老张对老伴儿说："你能不能以后不要放那么多辣椒，我现在一看到辣椒就操心。"

例二：老李的儿子不务正业，老李说道："我现在一看你就操心，你最好莫回来让我看到你。"

干啘[kan45 øua53]

指恶心想呕吐。

例一：某餐馆卫生条件不好，到处黑乎乎的，小张对同伴说："我一见门就干啘，那么脏怎么吃得下饭？"

例二：小丽怀孕了，看到婆婆端上的猪脚汤就说："快点端起走，我一看到就想干啘。"

屙肚子[øuo45 tu53 tsɿ0]

指腹泻、拉肚子，如果表示贬义通常用作"屙痢"，表示批评或咒骂。

例一：小明到医务室看医生，说道："我昨天晚上吃啊点冷菜，从半夜时候到现在一直在屙肚子。"

例二：小明写作业精神不集中，稍不留神就又做别的事情了，妈妈一看到小明又不在写字桌前，问道："你又在哪里去了？"小明道："我在上厕所。"妈妈说："屙痢，又在打野。"

省事[ɕin⁵³sɿ³⁵]

指小孩子懂事、听话。

例一：小明经常惹妈妈生气，妈妈跟人家聊天时总是羡慕别人家的孩子，人家安慰道："男娃儿嘛，省事总要晚一些，莫得急啥。"

例二：小刚妈妈对小刚说："你都二十几岁哒，哪个时候才得省事喔，成天又不搞点正事。"

歇嘴[ɕie⁴⁵tsui⁵³]

有两种意义：一是指停止吃东西；二是指停止说话。两者都与否定词结合使用的较多，单独使用情况不多。

例一：王大爷笑着对邻居说："我这个孙娃儿啊，从早到晚一直在吃，没歇嘴过，长得好胖。"

例二：小李对媳妇儿说："你成天到处说东说西，祸从口出，还不歇嘴。"

坝脚子·包单·跶扑趴·急作包·尕尕·小伙子

坝脚子[pa³⁵tɕio⁵³tsɿ⁵³]

有两种意思：一是指自然的垫底之物；二是指经过挑选或淘汰后留下的残余人或事物。

例一：老李对老伴儿说："这个杯子里的茶叶子就只剩下坝脚子哒，也没得么子味道哒，把它都倒啊嗒！"

例二：小刚的爸爸对小刚调侃道："这次高中分班，你们班的同学估计都是你们这个年级别的老师选剩的坝脚子组成的一个班。"

包单[pau^{45}tan^{45}]

指的就是被单。

例如：王大妈对邻居说："今天都腊月二十哒，我把床上的包单、铺盖罩子都洗干净哒。"

跶扑趴[ta^{11}pu^{11}pha^{11}]

意为摔跌，有时可以变化为"跶一扑趴"或"跶一扑趴子"。

例一：奶奶对孙子说："你看嘛，要你走路过细点儿，你不听，要蹦蹦跳跳的，现在跶一扑趴就舒服哒？"

例二：小周对物业说："小区门口那条管道，你们挖开后，又不及时埋好，留个大沟在那，害得我妈昨天晚上走路在那里跶一扑趴子，你们说怎么解决。"

急作包[tɕi^{11}tso^{11} pau^{45}]

指做事极不正常、不可理喻、不能原谅的人。

例如：邻居们都议论道："也不晓得是哪个屋里的急作包，把个院子里的猫娃儿都毒死哒，不得好死的家伙。"

尕尕[ka^{53}ka^{53}]

一般指猪肉，儿语。

例如：王奶奶对四岁的小花说："你昨天到外婆家去，你吃的么子，你外婆给你炖尕尕吃啊不得？"

小伙子[ɕiau^{53}xo^{53}tsɿ^{0}]

特指成年男性的外貌、气质，一般都与褒义修饰词连用。

例一：王大妈对李大妈说："我同事有个儿子，小伙子长得那是没得说的，就是屋里穷啊点儿，你问哈你的姑娘愿不愿意和他见个面。"

例二：邻居都夸周大妈儿子长得帅，周大妈说道："长得帅，小伙子周正有个么子用，又不能当饭吃。"

般般儿·敞风·车转·撑皮·打裹·打记·打马肩儿

般般儿[pan⁴⁵pɚ⁴⁵]

指年纪不相上下或各方面条件、能力、情况相当的人或事物。

例一：小吴跟同事聊天时说道："我们那几年一起进公司的几个的娃娃儿，现在都差不多般般儿年纪，都要发蒙上小学哒，日子时候儿过得好快。"

例二：小花的妈妈对小花说道："我今天问啊你们班主任哒，说你比同班的同学高蛮多，舞蹈队要挑般般儿高的，所以就没选你，这是个小事，莫计较。"

敞风[tʂhan⁵³fon⁴⁵]

有两种意义：一是指敞气、透气，有时可以扩展为"敞哈风"；二是比喻事情在形成或发展过程中因缺乏严密性而过早丧失有利条件。

例一：老张家出门了一个星期，回到家，老伴儿说道："进屋后，把门、窗户都打开，把屋里敞哈风，一个星期没住人，味道好臭。"

例二：老吴家里做霉豆腐(当地一种家常菜)，老伴儿叮嘱道："你把这个甑格子用布包紧啊，莫让它敞风，要是敞啊风就白搞哒。"

车转[tʂhe⁴⁵tʂuan⁵³]

有三种意义：一是指旋转、转动、转身；二是可以相当于"过了一会儿""立刻""马上"；三是用作表示转折语气的语气词，相当于"不过，话又说回来"。这三种意义都可以扩展为"车转过来/过去"。

例一：小强妈妈对小强说："你把那个床头柜车转过来，换个方面，屋里就显得宽敞一些。"

例二：课堂上，小明跟后排的小强在讲话，老师说道：“小明，你再不看黑板听老师讲课，你就把脑壳车转过去对后墙望到。”

例三：周阿姨对邻居说道：“那个张三哩，我跟他说啊一些他屋里的事，他车转过去就跟他媳妇子说哒，搞得我好像在挑拨他屋里一样。”

例四：王老师跟小强爸爸说：“小强平时上课不太用心，学习成绩不太好，但车转过来，他篮球、足球倒是不错。”

撑皮[$\text{tʂhən}^{45}\text{phi}^{11}$]

比喻理清事物头绪，走出困境，看到光明和希望，开始走向正常轨道。

例如：小李妈妈向街道办主任哭诉道：“我嫁过来没几年，娃娃儿的老汉儿就死哒，我好不容易把娃娃儿拉扯大哒，现在娃娃儿又生病要一砣钱，我也不晓得我这辈子哪个时候儿才得撑皮。”

打裹[$\text{ta}^{53}\text{ko}^{53}$]

有两种意义：一是指交往、来往；二是指多个头绪或多种情况搅和在一起，让人无法顺利解决问题。

例一：派出所的民警来社区了解犯罪嫌疑人的情况，邻居们说道：“那个人蛮怪，我们社区基本上没得哪个人和他打裹，也说不出个所以然。”

例二：小红妈妈给刚上三年级的小红辅导学习，说道：“这个英语的二十个字母和语文的汉语拼音你要把它们分清楚，莫打裹搞混哒。”

打记[$\text{ta}^{53}\text{tɕi}^{35}$]

指的是作记号。有时可以用作“打×记”。

例如：水果店老板对员工说：“你们把那些有疤子的果果儿都打个记，我到时装到一起哒集中处理。”

打马肩儿[$ta^{53}ma^{53}tɕiɚ^{45}$]

让小孩子骑在大人的肩上，一种爱昵行为。

例如：元宵节看灯会时，小明对爸爸说："我看不到前头的灯，我要打马肩儿。"

隔壁邻什 · 屋里的 · 双胎儿 · 水挲货 · 山红苕

隔壁邻什[$ke^{11}pi^{35}lin^{11}ʂʅ^{11}$]

指邻居。

例如：同楼层的甲乙两家因小事吵了起来，物业的过来劝道："莫吵哒，都是隔壁邻什的住到一起，有么子事好好商量。"

屋里的[$øu^{11}li^{53}ti^{0}$]

"的"字短语，主要是指配偶，有时根据具体语境可以指自己家的小孩子或自己家的东西。

例一：好久不见的甲乙两位同学碰面了，寒暄后甲问乙："你屋里的在哪里工作？"乙回答道："在工商局，你屋里的哩？"

例二：小强书画比赛得了一等奖，小刚妈妈羡慕地对小强妈妈说："我屋里的要是你屋里的一半强就好哒。"

例三：甲乙两位邻居为了土地的界限吵起来了："这半边明明是我屋里，怎么就突然成了你屋里的哒？"

双胎儿[$ʂuan^{45}thɚ^{45}$]

指双胞胎。

例如：老李添了一对双胞胎孙子，邻居都祝贺道："听说你家添了一个双胎儿，恭喜恭喜喔！"

水挲货[$ʂuei^{53}ʂa^{45}xo^{35}$]

指尿床的、尿裤子的小男孩儿，一般用于调侃或戏称，没有特别的贬义色彩。但有时可用于对女性的侮辱性恶骂。

例一：二岁的豆豆昨晚尿床了，奶奶一边抱孙子一边笑着调侃道："你是个水跭货喔，这个星期已经尿了三次床哒!"

例二：甲乙两家为了地皮的事吵得很厉害，甲指着乙骂道："你这个水跭货，成天偷人养汉。"

山红苕[ʂan^{45}xon^{11}ʂau^{11}]

有两种意义：一是指外表憨厚、非常朴实的人，贬义成分不太明显；二是指外行、蠢笨之人。

例一：老王夫妇一起看电视剧《红楼梦》，看到刘姥姥进大观园一集时笑道："这个刘姥姥真是个山红苕，这集好玩。"

例二：老张和老伴儿一起到宠物店想买条哈士奇，老张看到一条阿拉斯加就说："这条哈士奇蛮好，就买这条吧。"老伴儿说："你这个山红苕，这哪里是哈士奇，这条明明是阿拉斯加。"

漏油灯盏·二百五·半吊子·黑打手儿·棒老二

漏油灯盏[ləu^{35}øiəu^{11}tən^{45}tʂan^{53}]

建始方言中对败家、浪费钱财、守不住家的女性的贬称。

例一：王大妈对儿子说道："你都30好几哒，你也快点找个媳妇儿成个家嘛，我前几天找人给你算啊一个命，说你过啊明年子还没成家的话，以后再就只能找个漏油灯盏哒。"

例二：小区里一些大妈背后议论老张家的儿媳妇："自从他的儿媳妇儿嫁过来后，他们屋里好像一直都不顺，做生意亏得裤子都没得穿的，婆子妈老是说她儿媳妇儿是漏油灯盏。"

二百五[øɚ^{35}pe^{11}øu^{53}]

指有些傻气、做事不文雅的人，有时也指不文明的动作行为。

例一：甲喝酒后驾车，被交警拦下后，做出各种不雅动作，出尽洋相，他妻子赶来后拉着甲说："你这个二百五，在这里出丑卖怪的，还不老老实实接受处罚。”

例二：老周听闻自己的大儿子在街头和别人打起来了，赶忙跑过去边挤边拉边说：“你莫跟我在这耍二百五哒，我这张老脸都被你丢干净哒。”

半吊子[pan³⁵tiau³⁵tsɿ⁰]

有两种意义：一是指不通事理、言行不端的人，意义与“二百五”相近，只是使用者在不同的语境中使用的习惯不同；二是指不成熟、不诚实的人。

例一：老张很看不惯街头一些青年人三五成群地打架，对老伴儿说：“现在街上的一些半吊子越来越多，不晓得他们的爹妈老汉儿怎么教育的！”老伴儿回道：“你喔，吃啊咸萝卜操淡心。”

例二：王老师批评小明：“你屋里妈老汉儿也都是有知识的人，你怎么就这么半吊子，成天扯谎日白的。”

黑打手儿[xe¹¹ta⁵³ʂɚ⁵³]

指黑道上不务正业、经常胡作非为、专门以打架斗殴为主业的市井痞子和小混混。

例如：街上的老大妈们聊到老王时说：“老王屋里的女婿真的是个黑打手儿啊，那么听话的一姑娘怎么找那么个男娃儿。”

棒老二[pan³⁵lau⁵³øɚ³⁵]

以前老话指的是持械的劫匪或强盗，新中国成立后指干抢劫勾当的人，有时也指教训、骂人的詈语，语气较重。

例一：小明爷爷聊到隔壁家老周时说道：“你莫看到老周现在这么低调，新中国成立前那都是跟到重庆的一些棒老二混过的。”

例二：在街头，一群混混拿着铁棍打砸一家餐馆，围观的群众愤然道：“这些人简直无法无天，大白天这么打砸抢，也不晓得是哪里来的一群棒老二。”

例三：老钱骂儿子：“你这个棒老二，你还有脸回来，你看你把你妈气得都住院了。”

阴凉坝·打连阴·跑暴·天道·扫凌

阴凉坝[øin^{45}liaŋ^{11}pa^{35}]

指的是太阳晒不着的地方，有时可以儿化。

例一：妈妈对小明说道："外头那么大的太阳，你莫到太阳坝底下去玩，找个阴凉坝玩。"

例二：夏季午后，老王对老李说："反正天热睡不着，我们找个阴凉坝儿钓鱼去。"

打连阴[ta^{53}lin^{11}øin^{45}]

指的是接连多日阴雨不断，有时专指梅雨季节。

例如：周大妈对居委会的工作人员说："你们看我这个屋，都成危房哒，碰到打连阴，外头下大雨，里间下小雨，麻烦你们跟上头反映一下。"

跑暴[phau^{53}phau^{35}]

指的是夏天下短时雷阵雨。

例一：李师傅对着邻居说："六月间的雨隔天坎，你们那河那边在跑暴，我们这边一点儿雨都没得。"

例二：小刚看到外边在下大雨，对姑妈说："这么大的雨，怎么出门旅游嘛。"姑妈说："不消得急，这是跑暴雨，一会儿就停哒。"

天道[thin^{45}tau^{45}]

这两个字都读阴平，有三种意义：一是指天气，是比较旧的说法；二是指年成、年岁；三是指一天当中的某一时段。

例一：小红对妈妈说："明天要是天道好，我就和小丽一起去石柱观，要是天道不好，那我就和她一起看电影。"

例二：刘大爷看了看老黄历说道："今年天道不好，暂时莫动土，等明年子再说。

例三：小强爸爸带小强在公园玩水玩了一天，对小强说："天道不早哒，我们该回去哒，下回再来玩。"

扫凌[$sau^{53}lin^{35}$]

下雪后结在屋檐或树枝上的冰条、冰锥，形容极冷的天。

例如：刚到十月，王大爷就穿起了棉袄，邻居调侃道："这才刚变天，你儿就穿棉袄，要是下雪打凌的时候儿，那你儿不得把铺盖裹到身上。"

婆娘·私娃子·老妈子·哈巴儿·崽崽儿

婆娘[$pho^{11}lia\eta^{45}$]

有两种意义：一是指对妇女比较恶毒的詈语；二是指自己的老婆。

例一：公司一些男同事对女老板有意见，经常私下骂道："那个婆娘那么讨嫌，一辈子嫁不出去也是应当的。"

例二：老王向老周借一万元钱，老周回答说："我回去跟我婆娘商量一下再说。"

私娃子[$s\urcorner^{45}øua^{11}ts\urcorner^{0}$]

指私生子，带有强烈的贬义色彩，有时也可用作骂人的詈语。

例一：邻居们背后悄悄议论道："听说老孙屋里的姑娘还没有结婚就带个私娃子回家坐月子，现在的年轻人啊！"

例二：甲骂乙："你个私娃子没人要的家伙！"

老妈子[$lau^{53}ma^{11}ts\urcorner^{53}$]

对老年妇女的称呼，褒贬色彩不明显。

例一：老周说："我今天出门的时候碰到个老妈子，他问我附近是不是有什么神医，我直接把她吼起走哒。"

例二：老周的老伴儿参加了夕阳红艺术团，老周打趣道："什么夕阳红艺术团，就是一群老妈子在那瞎唱。"

哈巴儿[xa⁵³pɚ⁴⁵]

有两种意义：一是指不明事理的傻瓜；二是指对人的一种贬称，语气不是很重。

例一：邻居们议论小刚："他的父母都是蛮聪明的人，怎么这个小刚就是哈巴儿哩？做事从来不动脑筋。"

例二：小明的妈妈对小明说："你说你是不是个哈巴儿，你手上有水怎么能去摸电闸？"

崽崽儿[tsai⁵³tsɚ¹¹]

有三种意义：一是指男青少年，多是贬义；二是指小孩儿，可褒可贬，视具体语境而定；三是指幼畜。

例一：老吴指着小张骂道："你个姓张的崽崽儿，你自己有几斤几两还不清楚，你再来纠缠我姑娘，莫说我对你不客气！"

例二：小刚和小明一起去摘王大爷家的橘子，被王大爷发现后拔腿就跑，王大爷在背后喊道："你两个崽崽儿，下次看我把你们捉起哒交给你们家长。"

例三：小强妈妈对朋友说："我要不是看到我还有个崽崽儿，我早就和他爸爸离婚哒！"

例四：老周说道："院子里的那只流浪猫又下啊三个崽崽儿。"

额老壳·磕膝包儿·肚脐儿·鼻子·清鼻子·涎口水儿

额老壳[øe¹¹lau⁵³kho¹¹]

指的是额头。

例一：孙子跌倒了，奶奶上前拉起后埋怨爷爷说：“你看你嘛，怎么引得孙娃儿嘛，额老壳都摔青哒。”

例二：小明家来了客人，小明妈妈让小明给客人打招呼，小明害羞拒绝了，小明妈妈说道：“你的眼睛是不是长啊额老壳上的啊！”

磕膝包儿[khe^{11}ɕi^{45}pɚ^{45}]

指膝盖。

例如：体育课上，小强跳高时撞到铁栏杆上了，老师关切地问：“撞到哪儿了？”小强说：“撞到磕膝包儿上哒。”

肚脐儿[tu^{35}tɕhiɚ^{11}]

有两种意义：一是指肚脐；二是用在动词之后构成“×个肚脐儿”，相当于普通话的“×个狗屁/屁”。

例一：小强奶奶对小强说：“晚上睡觉莫把肚脐儿露在外头，凉啊肚子就不得了哒。”

例二：小周约小吴一起去吃饭，小吴调侃道：“吃个肚脐儿，今天要加班，改天吧。”

鼻子[pi^{11}tsɿ^{53}]

除了指面部的五官之一鼻子以外，建始方言中也指鼻子里流出的鼻涕。

例如：周奶奶指着小明说：“你好不讲卫生，鼻子里挂两条脓鼻子，不擦干净，又把它吸回去了。”

清鼻子[tɕhin^{45}pi^{11}tsɿ^{53}]

指因感冒而产生的稀鼻涕。

例如：小强妈妈带小强去看医生，说道：“从前天开始他就清鼻子吊吊的，吃啊几包，今天又开始发烧，你看要不要打几针。”

涎口水儿[ɕin^{11}khəu^{53}ʂuɚ^{53}]

指小孩子因眼馋或嘴馋而流出的口水，有时也用于成人羡慕别人或自嘲。

例一：奶奶对小豆豆说："看到别人吃冰激凌，涎口水儿都出来哒，跟奶奶去买。"

例二：老张说："老周一家好幸福，儿子媳妇儿给他们报团出国旅游，看得我都涎口水儿直流。"

蚂蚓子·蛐肠儿·四脚蛇·四叽鸭·檐老鼠儿·蛤蟆糊豆儿

蚂蚓子[ma^{53}øin^{53}tsɿ^{53}]

即蚂蚁。

例如：奶奶对小刚说："你吃西瓜莫把西瓜水滴到厨房哒，要不然蚂蚓子就全来哒。"

蛐肠儿[tɕhy^{11}tʂhɚ^{11}]

有时也可以说成"蛐肠子"，即蚯蚓。

例如：老王说："现在到处都是高楼，到处都是平地，蛐肠儿/蛐肠子都很少见到哒，环境问题严重啊。"

四脚蛇[sɿ^{35}tɕio^{11}ʂe^{11}]

即壁虎。

例如：夏季，老王老伴儿对老王说："那个四脚蛇怎么爬到纱窗上去哒嘛，你去把它赶走吧，孙娃儿看到哒都睡不着觉哒。"

四叽鸭[sɿ^{35}tɕi^{45}øia^{11}]

即知了。

例如：夏季午睡时，知了一个劲儿地叫，小明说道："那些四叽鸭叫得好烦人，我去捉几个来玩一下。"

檐老鼠儿[øin^{11}lau^{53}ʂuɚ^{11}]

即蝙蝠。

例如：小强约小伙伴儿一起到石鼓洞去玩，其他小伙伴儿说："不去，现在夏季，里头好多檐老鼠儿，吓死人。"

蛤蟆糊豆儿[khə^{45}mɚ^{0}xu^{11}tɚ^{35}]

即蝌蚪。

例如：儿子指着小蝌蚪笑着问爸爸："这些蛤蟆糊豆儿变成青蛙要多长时间啊。"

分子钱·章子·巴巴印·脚脚儿·刻刻儿

分子钱[fən^{45}tsɿ^{53}tɕhin^{11}]

指硬币，随着流通货币的改变，这个词语已经很少使用了。

例如：爷爷对小明说："你要养成存钱的好习惯，你爸爸小时候儿就是找个罐罐把一些没用完的分子钱存起来，积少成多，每年还存啊一些零花钱。"

章子[tʂan^{45}tsɿ^{53}]

指印章、图章，泛指所有的公章和私章。

例一：老钱出差交了货款，拿到发票，对工作人员说："麻烦你儿还要发票上盖个章子。"

例二：单位财会人员到银行办业务，填完转账支票后，银行柜员核对后说道："这个地方还要盖个法人的章子。"

巴巴印[pa^{45}pa^{45}øin^{35}]

也是指印章，专指公章。

例如：小强做事丢三落四，还埋怨妈妈没给他说清楚，妈妈说道："我给你说的事都说得清清楚楚，就差给你盖个巴巴印哒！"

脚脚儿[tɕio^{11}tɕuɚ^{11}]

有五种意义：一是指人或动物的脚；二是指器物的腿；三是指某些蔬菜的根茎；四是指物体上的残渣、剩余的东西；五是指液体残留在容器底部的沉淀。

例一：小丽去看了刚出生的侄女，兴奋地说："我小侄女好可爱啊，我摸她的脚脚儿，她还朝我笑。"

例二：会议室很拥挤，行人进出很不方便，服务人员说："大家尽量不要随便走动，走的时候，麻烦大家把桌子脚脚儿移一下就可以哒。"

例三：卖豆芽的大妈对顾客说："这个豆芽吃的时候要把脚脚儿掐哒才好吃。"

例四：同事聚餐时，小王迟到了一会儿，落座后，开玩笑道："你们真是要不得，把好菜都吃完哒，光给我留些脚脚儿。"

例五：老王给孙子煎了中药，孙子喝了几口就不愿喝了，老王说："喝中药要把这一大碗都喝光，连脚脚儿都要全部喝下去，这样，病才会好得快。"

刻刻儿[khe^{35}khɚ^{0}]

有两种意义：一是指因刻画而留下的痕迹；二是指预先设定的条件、范围、限度。

例一：小强给妈妈讲刻舟求剑的故事，说道："那个人在船上用刀子刻了个刻刻儿，表示剑是从这个地方掉下去的，他到时就从这个地方再下去找剑。"

例二：学校招生会议上，老师们说："虽然现在生源比较紧张，招生形势也不是很乐观，但是还是要设定一个刻刻儿，低于300分的肯定不能招。"

哈数 · 拖板儿 · 兰花豆儿 · 零碎 · 扎巴儿

哈数[$xa^{53}su^{35}$]

有五种意义：一是指个数、数量；二是指次数；三是指准则、分寸；四是指心里有数、目的明确；五是指底数、底气。

例一：公司开全体职工大会，总经理说："每个部门把到会的人点个哈数出来，看看还有多少没来开会。"

例二：老张单位总爱在老周这赊账，老周老伴儿对老周说："老张老是在这赊账，你记啊个哈数没得，一共有几多次哒？"

例三：小吴不太会说话，说话总爱有意无意得罪别人，妈妈埋怨他说："你也年纪不小哒，都是成年人哒，说话也没得个哈数，还像个细娃儿。"

例四：老大对老妈说："你儿也看到哒，我和弟娃儿哪个对你儿好。"老妈说："你放心，我心里自不当然有哈数，我还没老糊涂。"

例五：老张摸不清市场行情，请教老吴后说道："听你这么一说，我就像吃啊定心丸，心里有些哈数哒。"

拖板儿[$tho^{45}pɚ^{53}$]

指拖鞋，建始当地一些老人还称作"靸板儿"。

例如：老郑对老伴儿说："你买的这双拖板好磨脚，还真的是便宜无好货。"

兰花豆儿[$lan^{11}xua^{45}tɚ^{35}$]

建始当地的一种零食，将泡好的蚕豆用剪刀将一端剪成十字形，沥干后油炸即可食用，成品被剪开的部分如兰花状，故而称为兰花豆儿。

例如：小刘补牙后，医生说道："刚补上的牙齿，不要吃硬东西，一个月以后就可以吃硬的了，像兰花豆儿、排骨什么的都可以吃了。”

零碎[$lin^{11}suei^{35}$]

泛指零食。

例一：小强妈妈叮嘱小强奶奶说：“小强最近在换牙，你儿莫给他买零碎吃，特别是莫让他吃甜食。”

例二：母亲见孩子书包里都是零食，批评道：“以后你放学后不许在学校旁边买零碎，像辣条、方便面一点营养都没得。”

扎巴儿[$tʂa^{53}pɚ^{45}$]

泛指零食的一种昵语，使用的范围比“零碎”要小，主要是指学龄前小孩子的零食。

例一：三岁的毛毛到王奶奶玩，王奶奶说：“你来了怎么办了，家里又没得你吃的扎巴儿。”

例二：周阿姨到小丽家办事，看到小丽后说道：“怎么办了，我来又没给你带扎巴儿，下次再补数好不好？”

馒馒·米米儿·抹豁儿·粑耳朵·□巴儿

馒馒[$man^{45}man^{45}$]

读阴平，相当于普通话的“饭”，主要用于儿童。

例如：奶奶对小孙子说：“乖乖莫哭哒，馒馒一会儿就熟哒！”

米米儿[$mi^{53}miɚ^{53}$]

有三种意义：一是泛指所有去皮或去壳后的种子，多指可以食用的颗粒状物体；二是指小而硬的颗粒状物体；三是指身体上长出来的小疙瘩。

例一：小强到乡下姨妈家玩，临走时想带几个嫩玉米，姨妈说：“现在苞谷才刚刚挂须，还长米米儿，屋里有新出来的花生米米儿带点儿回去嘛！”

例二：小明的鞋磨破了，妈妈看了看说道："你成天到处跑，鞋子里头灌么这么多石头米米儿，不磨脚才怪。"

例三：小刚奶奶给小刚洗澡时说："怎么身上长这么多痱子米米儿嘛，洗完哒擦点儿痱子粉。"

抹豁儿[$\mathrm{mo}^{53}\mathrm{xu\text{ɚ}}^{0}$]

有两种意义：一是指不应得到而得到的东西或没有付出而白得到的东西；二是指不劳而获或滥竽充数。

例一：只要有同事请客，小王总是会出现，但小王却从不回请同事，同事们背后说道："小王总是在吃抹豁儿，从来没看到他出过一分钱。"

例二：朋友们聚会一起聊天，聊得很开心，小吴调侃小丽："我们都讲啊几个笑话，你尽在这笑抹豁儿。"

例三：学校六一组织大合唱，几个调皮的学生不太认真，辅导老师说："小明、小强你们几个要唱就好好地唱，不要在里头搞抹豁儿，影响其他同学的积极性。"

炮耳朵[$\mathrm{pha}^{45}\text{øɚ}^{53}\mathrm{to}^{0}$]

主要是指没有主见、耳根子软并且惧内的成年男性，奚落的成分较浓。

例如：小郑很怕老婆，同事们都说道："小郑这个人啊，是个炮耳朵，一点都不硬气，跟他商量好的事，他老婆只消一句话他就又反悔哒。"

□巴儿[$\mathrm{lan}^{45}\mathrm{p\text{ɚ}}^{45}$]

指身材瘦小、单薄的中青年男性，有时也指体形瘦小的小动物。

例一：单位组织去乡下做义务劳动，同事们调侃小吴："你这么个□巴儿，怎么挑得起扛得动，就在旁边给我们烧个水倒个茶就行哒。"

例二：小强在宠物店看中了一只小金毛，妈妈说："这么个□巴儿，买回去哒不晓得养不养得活，等下次有大点儿的再买吧。”

礼信·相因·脑壳·耳蚀·新姑娘儿

礼信[$li^{53}çin^{35}$]

有两种意义：一指礼物；二指礼节、礼貌。

例一：小吴的女朋友抱怨道：“你到我屋里去，我侄娃儿在家，你连个礼信都没送，叫我脸往哪里放?”

例二：爸爸叮嘱小刚说道：“第一次到女朋友家去，规矩礼信要到堂，给女方留个好印象。”

例三：王阿姨对同事说道：“周姐的儿子好有礼信啊，每次看到我们都客客气气地打招呼，端茶倒水的，真是有教养!”

相因[$çiaŋ^{45}øin^{45}$]

有两种意义：一是用作名词，指的是占便宜或开玩笑；二是用作形容词，指的是价格便宜、物美价廉。

例一：老王对小强开玩笑说：“你喊我老头儿，我就给你买水枪。”小强妈妈对小强说：“你说王伯伯又在占我相因，喊哒也没买过。”

例二：老王对老伴儿说：“你买菜总是喜欢占熟人的相因。”

例三：王大妈对老伴儿说：“明天到河那边的超市去买米，同样的米比门口的超市要相因一些。”

脑壳[$lau^{53}kho^{11}$]

有五种意义：一是指人或动物的头；二是指脑筋、头脑；三是指脑子、脑海；四是指头发，与表示理发的动作行为的动词连用；五是指某些器物的顶端。

例一：老王对小李说：“有些事你能忍就忍一下，今天小张要是真的一拳头打倒你脑壳上，你脑壳只怕是都要开花。”

例二：小强爱调皮，小强妈妈说：“你脑壳再怎么聪明，你不用在正道上又有什么用。”

例三：小明爸爸问小明还能背《岳阳楼记》吗，小明说：“好长时间没看，等我脑壳里想一下再背。”

例四：老周抱怨道：“现在满大街都是美容美发厅，我们这样的老年人找个剪脑壳的地方都找不到哒。”

例五：说起孩子挑食，小丽奶奶说道：“我那个孙姑娘吃莴笋只吃脑壳上的那一截，不吃叶子。”

耳蚀[øɚ53ʂʅ11]

即“耳光”。

例如：小明妈妈生气地对小明说：“你再欺负同学，小心我儿耳蚀扇死你，从小就这么不懂规矩。”

新姑娘儿[ɕin45ku45liɚ45]

有两种意义：一是指新娘子；二是指太阳，一般用于儿语。

例一：小李结婚，邻居家的朋友都兴奋地喊道：“新姑娘儿来哒，新姑娘儿来哒！”

例二：谢奶奶指着太阳说：“宝宝快起床啊，你看外边的新姑娘儿出来哒！”

奶娃娃儿·细娃儿·各人·婆子妈·公公老汉儿·妈屋

奶娃娃儿[lai53øua11øuɚ45]

指刚出生不久的婴儿，一般特指1~2个月的宝宝。

例如：小丽向好友说道：“我妈现在要疯了，只要一看到哪个屋里有奶娃娃儿，就催着我赶紧结婚。”

细娃儿[ɕi35øuɚ11]

一般指未成年的小孩子，有时也用于指成人，但含有迁就或看不上的意味儿。

例一：小明奶奶对小明妈妈说："细娃儿嘛，学习上莫逼得太紧哒，还是让他稍微宽松一点儿，搞得他要是厌学就不好哒。"

例二：小张跟主任吵了一架，同事们劝主任说道："小张还是个细娃儿，太冲动，想问题太简单，你莫跟他一般见识。"

各人[ko^{11}ʐən^{11}]

有两种意义：一是指自己，复指前边的人或事物；二是指每一个人或各自。

例一：小强妈妈老在催小强找女朋友结婚，小强笑道："我现在各人都养不活，哪里结得起婚啊！"

例二：放学时，王老师提醒同学们："明天期中考试，考试的时候各人考各人的，不要东张西望。"

婆子妈[pho^{11}tsɿ^{0}ma^{45}]

指的是婆婆。

例如：小芳坐完月子后，小丽问："你是各人的妈妈还是你婆子妈来照顾你这个月母子的？"

公公老汉儿[kon^{45}kon^{45}lau^{53}xɚ^{11}]

指的是公公。

例如：小丽说："我们屋里的公公老汉儿性格还好，就是和婆子妈老家吵嘴。"

妈屋[ma^{45}øu^{11}]

指的是娘家。

例一：小强对妻子说："明天中秋节，你回不回妈屋？要是回的话，我就提前准备一下。"

例二：小陈向领导请假道："我妈屋里的兄弟明天动手术，我想请一天假。"

爹爹·家家·母子·某人三四·几爷子

爹爹[tie^45^tie^45^]

建始当地方言中对姑妈的称谓，不同于普通话中“父亲”的说法。

例如：小李向同事介绍小强：“这是我表弟，我爹爹的儿子，今年刚大学毕业，以后多关照一下。”

家家[ka^45^ka^45^]

指母亲的母亲，也即外婆。

例如：邻居王奶奶看到小红从外边回来了，问道：“是不到家家屋里去哒，带这么多好东西回来。”

母子[mu^53^tsɿ^53^]

有三种意义：一是指雌性的动物；二是指刚产下幼崽的雌性动物；三是指含有酵母的面团、酒酿。

例一：宠物店的老板跟供货商说：“我要买个母子喂起好下儿。”

例二：老王对老伴儿说：“我今天早晨把刚满月的金毛送给小张后，那个母子一直在叫，叫啊一早上。过个天把就好哒。”

例三：过年时家家要酿米酒，王大妈说：“对门李老汉儿屋里的酒母子蛮好，我好几年都是在他屋里买的。”

某人三四[məu^53^ʐən^11^san^45^sɿ^45^]

有两种意义：一是泛指某个不确定的人，用来代指；二是用在第一人称代词“我”之后，代替自己的名字。

例一：李大爷放在家门口的梯子不在了，愤愤地说：“用别个的东西打个招呼嘛，比如某人三四，我用下你屋里的梯子，现在倒好，尸身都看不到哒。”

例二：小王的新店今天开张，邻居们都来捧场，小王高兴地说："感谢大家这么看得起我某人三四，今天所有的商品都打五折。"

几爷子[tɕi53 øie11 tsɿ53]

有两种意义：一是指几父子或几伯叔侄或几姑侄；二是詈语，表示一群一伙。

例一：周末，妈妈在家打扫卫生，丈夫和孩子都在各玩各的，妈妈生气地说："你看你们几爷子，也不帮倒来做下卫生。"

例二：老王骂老李："你屋里几爷子都不是好东西，从你老汉儿那辈算起都是害人精。"

二甩甩·活膩膩·霉胴胴·木楚楚

二甩甩[øɚ35 ʂuai53 suai53]

有两种意义：一是指(话、事情)不肯定；二是指吊儿郎当，不认真。

例一：小强向母亲抱怨说别人都不相信他，他妈妈说："你本来就是二甩甩，是我，也不会相信你。"

例二：老周评论小李："你们看那个小李，一副二甩甩的样子，哪里像个搞正经事的人。"

活膩膩[xo11 li45 li45]

指毫无保留、心甘情愿，一般而言说话者都带有不满的情绪。

例如：王大妈向女儿抱怨道："你爸爸的钱真是大水打起来的，一万块钱就那么活膩膩地被骗子骗哒。"

霉胴胴[mei11 toŋ53 toŋ53]

有两种意义：一是指霉得相当厉害；二是指颜色深暗，不鲜艳。

例一：梅雨季一到，宿舍就潮湿，小丽对朋友说：“下了好几天雨，屋里太潮哒，被子衣服一打开都是霉胴胴的。”

例二：小芸看着妈妈身上的新衣服说道：“我怎么老是觉得这个颜色霉胴胴的，穿得好显老。”

木楚楚[$mu^{35}tʂh^{53}tshu^{53}$]

有三种意义：一是形容呆板、痴呆无表情；二是指身体某个部位没有知觉；三是指物体表面不光滑，有毛刺。

例一：郑老师下课后跟其他老师聊道：“现在学生，一眼看过去，脸上都是木楚楚的，没得年轻人应有的朝气。”

例二：周大妈到医院对医生说道：“我的腿杆子，这几天都是木楚楚的，一点知觉都没得，不晓得是么子回事。”

例三：木工师傅把所有的木工活都做完了，业主看后说道：“其他的都还好，就是这个写字桌摸起来木楚楚的，你看再修整一下。”

硬肘·色来·粑和·撇脱·松活

硬肘[$ən^{35}tʂəu^{53}$]

有两种意义：一是指物体或身板儿硬朗、结实；二是指有骨气、有底气。

例一：老王碰到退休很久的老领导了，上前打招呼道：“老主任，身体还硬肘吧！多保重身体啊！”

例二：小李到石材厂挑了一块大石头，说道：“这石头还蛮硬肘，做磨子好得很。”

例三：老张的儿子被抓了，邻居们叹息道：“养儿养女的人，哪家哪户都说不起硬肘话。”

例四：建始当地方言：“穷要穷得硬肘，饿要饿得志气！”

色来[$se^{35}lai^{45}$]

有三种意义：一是指卫生情况不干净，非常肮脏；二是指动作行为小气、很恶心；三是指穿着寒碜、不体面。

例一：江老师在班上讲到寝室卫生问题，说道："那个男生寝室啊，简直没法落脚，硬是色来死哒！但是男生一出门个个都收拾得像模像样的。"

例二：老李对邻居们说："你们说那个老郑色来不色来，全家四个人到别个屋里去坐席，只送 50 块钱。"

例三：老吴老伴儿说道："你怎么穿得这么色来，不晓得的还以为你没得婆婆儿给你打理。"

炮和[$pha^{45}xo^{0}$]

有三种意义：一是指饭食松软，适合小孩子和老人食用；二是指床上用品或衣物柔软、舒适；三是指人的性格软弱、懦弱。

例一：小郑的妻子对丈夫说道："中午奶奶要来屋里吃饭，你煮饭的时候儿，饭莫煮硬哒，煮炮和一点儿。"

例二：小丽寒假从学校回到家，睡在家里的床上高兴极了，妈妈在一旁说："屋里的床比学校舒服吧，这是专门才弹的新棉絮，又刚拿出去晒啊半天，我中午睡啊一会儿，好炮和！"

例三：小王对小李说："老板以为我们好炮和，可以随随便便欺负，已经有三个月没发工资哒。"

撇脱[$phie^{45}to^{11}$]

有三种意义：一是指性格不拘泥、很洒脱；二是指简单明了、简洁清楚；三是指轻松、容易。

例一：王大妈对小明妈妈说："你们家小明好撇脱，我找他借两万块钱，他二话没说就借给我了，太感谢了！"

例二：公司年底个人总结汇报会上，小张不着边际，领导说道："说撇脱点，把你这一年的主要业绩说一下就可以哒。"

例三：小强跟爸爸商量买车的事，他爸爸说道："买车，你说得那么撇脱，你以为是买白菜，也不动脑筋想一下。”

松活[$son^{45}xo^{11}$]

有四种意义：一是指没感受到负担、非常轻松；二是指宽绰、宽裕；三是指管理松懈、不严格；四是指难度不大、很简单。

例一：小刚暑假在工厂做兼职，回来跟爸妈说：“这个老板蛮照顾我，总是给我安排一些蛮松活的事做，每天不是蛮累。”

例二：老王聊天时对老伴儿说：“嫁到我屋里二十几年了，你从来没过松活日子。”

例三：工地上失窃了，工人向管理员说道：“这个工地一到晚上就管得蛮松和，小偷不偷那才是苕。”

例四：小刚回家对爸爸说：“这次期末考试，数学倒是蛮松和，就是语文难，文言文阅读根本看不懂。”

融·恍·□·精蹦·周正·洋歪歪

融[ʐon]

有两种意义：一是形容物品非常软烂，呈糊状；二是指物体被彻底损坏，呈破碎状。

例一：妻子叮嘱丈夫说道：“中午给宝宝煮稀饭煮融一些，不要煮得像大人吃的一样。”

例二：超市里的员工检查货物时，生气地说：“有些人啊，真是无聊，把这些方便面都捏融哒。”

恍[$xuan^{53}$]

有三种意义：一是指粗心大意、没头没脑；二是指糊涂、犯迷糊；三是指行为不检点、浪荡。

例一：小强妈妈叮嘱小强：“明天到外婆家去拜年，你莫又像去年子一样恍，把个压岁钱弄丢哒。”

例二：小明妈妈对小明奶奶说："小明恍得很，他不打招呼就一个人跑到河里去洗澡。"

□[lan45]

指身体瘦高或瘦弱，可以指人也可以指动物。

例一：王大妈给李大妈说："我同事有个儿子，各方面条件都不错，人长得□高的，你看你姑娘有空不得，到时候认识一下。"

例二：小明一家到野生动物园游玩，小明妈妈说："这些动物都没养好，特别是狮子、老虎都好□，这里的老板就是在骗钱。"

精蹦[tɕin45pon45]

形容一个人精力旺盛的样子。

例一：小刚生性活泼好动，妈妈总是批评他太调皮了。奶奶说："细娃儿嘛，精蹦一些肯定好一些，太死板的细娃儿也不好。"

例二：李大妈参加了广场舞蹈队后，整个人都有精神多了，她儿子笑道："你儿现在越来越精蹦哒，都可以跳到中央电视台去哒。"

周正[tʂəu45tʂən45]

有三种意义：一是指位置或相貌端正；二是指穿戴整齐、笔挺；三是指味道纯正。

例一：明天公司开大会，王主任对员工说："那个横幅没拉周正，左边的还往上去一点儿。"

例二：李大妈看到舞蹈队的张大妈的儿子后说道："你的儿子长得好周正啊，有女朋友没得，我来给他介绍一个。"

例三：小李明天要去见准岳父母，妹妹打趣道："哥哥一向都是运动服运动裤，今天穿得好周正啊！"

例四：酒桌了，老吴拿出一瓶白云边白酒对亲家说："我这瓶酒是周正货，是熟人直接从酒厂里带出来的。"

洋歪歪[øiaŋ11øuai53øuai53]

形容一个人非常洋洋得意，大多表示贬义。

例如：甲家里赚了点黑心钱，又爱显摆，邻居背后骂道："挣些缺德的钱，还那么洋歪歪的，也不怕报应。"

拐·软生·黄昏·急作·下作·恶躁

拐[kuai53]

形容词，指的是坏，多用于人品恶劣、做派败坏。

例一：老王对小周说："我没想到你这么拐，我儿子拉你一起做生意，你倒在背后掏鬼。"

例二：吴老师批评小强："我教啊这么多年的学生，还从没看到过像你这么拐的学生，你居然偷办公室老师的手机。"

软生[ʐuan53sən45]

指的是非常软，主要用于描写食物，较少用于物品。

例一：老钱手术后，医生叮嘱家属道："每天给病人多喂些软生点儿的东西，像稀饭、鸡蛋羹儿这些都可以。"

例二：妈妈对小敏说："明天要爬山，穿件软生的衣服。"

黄昏[xuan11xon45]

形容词，指的是非常糊涂、头脑不清楚、不明事理，也写作"二黄"，语义有轻有重。

例一：老伴儿骂老周："你是不是老黄昏哒，这么大把年纪，也跑起去炒股，想钱想疯哒。"

例二：小李让儿子喊老李爷爷，老李说："你莫二黄/黄昏，你爸爸都喊我李叔叔，你儿子喊我爷爷？"

急作[$tɕi^{11}tso^{11}$]

指的是粗俗、不文明。

例如：门卫老吴叫嚷道："这是哪个缺德的这么急作，在这小区大门口随地大小便?!"

下作[$ɕia^{35}tso^{35}$]

指的是下贱。

例如：老王聊到儿子直摇头："没得么子好说，当年给他找那么好的工作，上下班进微机室都要换鞋子，后来他各人下作，要跑出去做生意，被骗得精光。"

恶躁[$øo^{11}tsau^{35}$]

指的是凶狠、凶恶、凶猛，可以指人也可以指动物，可褒可贬，以贬义居多。

例一：老郑的儿子犯法被抓了，邻居们说："哎，再恶躁的人也躲不过法律!"

例二：邻居们背后议论老张的儿媳妇说："老张的儿媳妇儿好恶躁，昨晚把个强盗差点打死哒。"

例二：李奶奶对孙子说："你出去玩，莫去惹大门口那条狗，那个狗子好恶躁，见人就咬。"

自不当然·先不先·阴倒·紧倒·横直·高低

自不当然[$tsɿ^{35}pu^{11}tan^{45}ʐan^{11}$]

指理所当然、合乎情理、自然而然。

例一：小强妈妈劝告小强："大学期间尽量不要谈恋爱，以学业为主，可以和女同学保持良好的同学关系，等你毕业了，自身条件过硬了，爱情、婚姻这些自不当然就来哒。"

例二：小明和父母一起外出旅游，在火车站小明很兴奋，老是不停地问什么时候上车，爸爸说："你安静地坐到，到时候儿哒自不当然会通知。"

先不先[$ɕin^{45}pu^{11}ɕin^{45}$]

有两种意义：一是指最先、很早；二是指首先。

例一：公园广场放露天电影，小强拿了凳就去占位置了，电影开始后，其他小朋友来了没有位置了，小朋友们说："明天晚上，我们也要像小强一样先不先就来把位置占倒。"

例二：甲乙两人打起来了，派出所的同志来了解情况，甲说："我在这做我的事，做得好好的，乙不知是什么原因，先不先就开始骂，然后就打起来哒。"

阴倒[$øin^{45}tau^{53}$]

有两种意义：一是指表面呈现的情况与实际情况相反或不同；二是指背地里、悄悄地。

例一：课堂上，老师分析考试情况时说道："这次考试，好多题目都是表面一看好简单，和平时考的没什么区别，其实阴倒考你，稍不注意你就陷入了圈套。"

例二：小李平时大大咧咧的，妈妈提醒他："以前读书的时候，你这么大大咧咧的还行，现在工作了，还是要注意点，小心别人阴倒使坏。"

紧倒[$tɕin^{53}tau^{53}$]

指的是一直、持续不断、老是、不停地从事某一动作行为。

例一：小明约小丽外出，小丽在家仔细地打扮，妈妈说："你搞快点儿嘛，莫紧倒让小明在外头等起。"

例二：小强向小刚抱怨道："前天报表出了点状况，我改过来哒，那个领导紧倒紧倒说这个事，烦死哒。"

横直[$xon^{11}tʂʅ^{11}$]

有两种意义：一是指反正；二是指无论如何、不管怎么样。

例一：李老师对校长说："我身体不太好，下半年我横直不想带班主任哒。"

例二：老王和老李争吵起来，老李对老王说："你要好好讲道理哒，莫那么横直不讲道理！老是这么吵肯定解决不了任何问题。"

高低[kau⁴⁵ti⁴⁵]

相当于普通话的"无论如何、总是"。

例一：小李对王大姐说："我昨天在街上看到你屋里的老汉儿哒，我说开车送他，他高低不肯麻烦我。"

例二：女儿离婚了，妈妈叹息道："当初你们谈恋爱的时候儿，我和你爸爸就不是蛮同意，你高低不听我们的，现在这个样子也没得办法哒。"

将将·消乎儿·好生点儿·弯倒弯倒·一搞

将将[tɕiaŋ⁴⁵tɕiaŋ⁴⁵]

有两种意义：一是指时间刚刚过去，相当于普通话的"刚刚""刚才"；二是指正好、恰到好处。

例一：小明妈妈对小明说："我将将才把屋里收拾干净，你又把地下搞这么脏。"

例二：奶奶给小勇买了一套衣服，小勇穿上后，奶奶高兴地说："将将好，我还怕买小哒。"

消乎儿[iɕau⁴⁵xuɚ⁴⁵]

指的是差点儿、险些，有暗自庆幸的语义色彩。

例一：李奶奶下了公交车对公交公司的人说："这趟车的司机开得好快，我下车还没站稳就开跑哒，消乎儿把我撞倒哒。"

例二：小王气喘吁吁地对小李说："路上堵车堵死哒，我到啊车站后，不要命地跑，消乎儿赶不上车。"

好生点儿[$xau^{53}sən^{45}tiɚ^{53}$]

有两种意义：一是指好好地、认真地、仔细地；二是指分别时的祝福、客气语。

例一：妈妈对小明说："明天星期天我要加班，你一个人在屋里好生点儿写作业啊，晚上回来我要检查。"

例二：小王送姨妈到车站后，对姨妈说："那你儿好生点儿啊，我就送到这里，有空经常过来玩嘛！"

弯倒弯倒[$øuan^{45}tau^{53}øuan^{45}tau^{53}$]

指的是挖空心思地去做某事，大都表示贬义。

例一：李阿姨对邻居说："我那个儿子哩，百事都好，就是一点事喜欢弯倒弯倒想，有时候儿蛮简单的一个事，被他想得复杂得不得了。"

例二：领导在大会上说："大家互相提意见，改进工作作风，这是应该的，但有些同志喜欢弯倒弯倒说是非就不对哒。"

一搞[$øi^{11}kau^{53}$]

表示频率的副词，相当于普通话的经常、动不动，一般与"就"相连用。

例一：爷爷对小明的爸爸说："小明怎么现在一搞就发脾气，细娃儿养成这么个习惯要不得啊。"

例二：老王对儿子说："你妈现在身体差多哒，现在一搞就头晕，这个周末你带她去做个检查。"

扯常·刷个时候儿·支起架子·习味儿

扯常[$tʂhe^{53}tʂhan^{11}$]

有两种意义：一是指经常、常常；二是指长期、长期性地。

例一：甲对乙说："我屋的娃娃儿扯常放到我妈那里的，我们上班，有时候儿中午也扯常到我妈那去吃饭。”

例二：邻居们对入户人口普查人员说道：“老吴的老伴去世后，老吴扯常就住啊上海他姑娘那里哒，很少回来哒，现在屋里一般没得人。”

刷个时候儿[ʂua^{11}kɚ^{35}ʂʅ^{11}xɚ^{11}]

相当于普通话的“只要一有空，就……”，表示动作的频率很高。

例如：小勇妈妈对小强妈妈说：“我们屋里小勇就是不爱学习，刷个时候儿就跑出去找玩伴儿玩，暑假都要完哒，作业还没写完。”

支起架子[tʂʅ^{45}tɕhi^{53}tɕia^{35}tsɿ^{53}]

指的是做好充分的准备工作以期达到预期的效果，但一般都以意外结尾。

例如：老王对儿子说：“我和你妈以为你这次回来能把孙娃儿带回来，我们还支起架子把屋都腾出来收拾好哒，结果又没带回来。”

习味儿[ɕi^{11}øuɚ^{35}]

也称“晕味儿”，指的是自我欣赏、自我陶醉、自我品味、自我享受。

例一：老李对老伴儿说：“现在老郑屋里一家好习味儿，全家都出国旅游去了。”

例二：小明妈妈对小明说：“你还蛮习味儿嘛，没挣到一分钱，还这么大方给各人买啊一部苹果手机。”

摆古·扯拐·扯伙·放血·喊皇天·打扬尘·猴心

摆古[pai^{53}ku^{53}]

有两种意义：一是指讲从前的故事或往事；二是指说过时

的话。

例一：小明吃晚饭调皮，妈妈说道："快点听话把饭吃完，吃完哒等会听李爷爷摆古，讲你爸爸小时候儿的事情。"

例二：小勇对老爸说："你儿成天就在那摆古，你儿以前的日子时候儿怎么能和现在比？"

扯拐[tʂhe⁵³kuai⁵³]

有两种意义：一是指出问题、出毛病或出故障；二是指闹矛盾、不配合、不合作。

例一：李奶奶对孙子说："现在的电视真是比以前好啊，以前晚上看个电视，电视台经常扯拐，动不动就没得信号，就看不成电视了，哪像现在全天都有电视看。"

扯伙[tʂhe⁵³xo⁵³]

指合伙或平分。

例一：小张和小李商量道："现在单位效益也不好，我们一起扯伙做生意去吧，总比在这要死不活的好。"

例二：单位工会王主席说："这次的物资发放是两个扯伙分一箱，莫搞错哒。"

放血[fan³⁵ɕye¹¹]

有四种意义：一是指一种民间疗法，在皮肤上划出小口，流出适量血液；二是指使用暴力手段使人肉体受到伤害；三是指不顾血本抛售商品；四是指请客的一种调侃说法。

例一：老周在院子里摔倒了，老郑急忙说："莫动他，快拿针先放血，这是中风的兆头。"

例二：李老二威胁小张："你小心被老子放血。"

例三：小王跟店员说道："现在生意不好做，等会写个广告语'放血大甩卖'，早点卖完哒再看做点儿别的生意。"

例四：小张对老李说："你儿子考取哒北大，这回要给我们放血哒喔。"

喊皇天[xan53 xuan11 thin45]

一种感叹语，表示一种无助的语气，只能向天叹息。

例一：老孙对老伴儿说：“对门屋里的刚买个新车就开车把人撞死哒，这下喊皇天，怎么去摆平？”

例二：小李对小张说：“你这真是要我喊皇天，我各人都还只是混个温饱，哪有 10 万块钱借给你。”

打扬尘[ta53 øiaŋ11 tʂhən11]

建始当地民俗，也叫“扫扬尘”，在腊月中下旬择吉日打扫室内室外的灰尘和悬浮物，旨在祈求全家健康平安，也包含全家进行一次彻底的大扫除迎接新年的实际意义。

例如：老李对儿子说道：“明天就是小年哒，你早点下班来帮倒打扬尘，有些地方太高哒，我们手脚不方便。”

猴心[xəu11 ɕin45]

指贪心、贪得无厌，结合具体的语境，语义可褒可贬，大多表示贬义。

例一：小刘对小张说：“你莫那么太猴心哒，每个月按时给你发工资就很不错哒，还指望别的？”

例二：妈妈对小刚说：“你莫太猴心哒，考试考出各人的水平出来就行哒，莫给各人太大的压力！”

吃花生米·扎财·投人·答野白

吃花生米[tʂhʅ11 xua45 sən45 mi53]

比喻判死刑、被枪毙。

例如：甲和乙争吵，甲对乙说道：“养后人，谁都讲不起狠，保不准你屋里的吃花米。”

扎财［tʂa^{11}tshai^{11}］

指的是积蓄钱财以及积蓄钱财的习惯和能力。

例一：小明有存零花钱的好习惯，王奶奶说道："这个小明以后肯定扎财，这么小就懂得存钱。"

例二：郑大妈对邻居说道："我那个儿子一点儿也不扎财，有一个钱要用出两个钱，上个月刚买的新手机，昨天搞丢哒就又买一部。"

投人［thəu^{11}ʐən^{11}］

指的是向别人倾诉、投诉。

例如：吴大妈安慰小王的媳妇儿道："家丑不可外扬，你们两口子再吵架莫再四处投人，时间长哒，对家庭影响不好。"

答野白［ta^{11}øie^{53}pe^{11}］

指的是管闲事，应和、评说与自己无关或自己根本不清楚的事情。

例一：老周对老伴儿说道："娃娃儿两口子吵架，你就莫去答野白，他们有他们的解决方法，你去找气受搞么子(干什么)？"

例二：老吴的儿媳妇儿又和婆婆吵起来了，小赵过去劝解，老吴的儿媳妇儿对小赵说道："我屋里的家务事，要你在这儿答野白？"

懂天神·大皮·大票子·岩脑壳

懂天神［ton^{53}thin^{45}ʂən^{11}］

指的是胆大无所顾忌、肆无忌惮之人，多指儿童。

例一：周奶奶对小强说："你是个懂天神喔，那个电线你敢用手去摸，不怕被电打死。"

例二：邻居们背后议论道："老周的儿子简直就是个懂天神，他跑到信访局去闹，那不是找死。"

大皮[$ta^{35}phi^{11}$]

有三种意义：一是指性格开朗、不拘小节、宽容、大气；二是指身体抵抗力强、不易生病；三是指粗心大意、没留意。

例一：同事们议论小刚说道："小刚这个人蛮大皮，对人非常好，你打他怀棒棒他都不还手的。"

例二：小强妈妈带小强看医生，说道："这个娃平时蛮大皮，不晓得最近几天为么子总是拉肚子。"

例三：三岁的小豆豆在家里从床上滚下来了，妈妈心疼地说道："唉，怪我太大皮哒，应当给床边放个护栏。"

大票子[$ta^{35}phiau^{35}ts\eta^{53}$]

大面值钞票。

例如：春节期间，小强妈妈对小强说："你喊舅舅，要他跟你给几张大票子压岁钱。"

岩脑壳[$\o ai^{11}lau^{53}kho^{11}$]

指的是头脑不灵光、做事呆笨的人。

例如：老李对儿子说："你那个岩脑壳还外出做生意？别个把你卖哒，你还帮倒数钱，老老实实在单位上你的班。"

倒床·发人·排头·杀外码

倒床[$tau^{53}tʂhuan^{11}$]

指的是重病卧床不起。

例如：周大妈跟邻居们聊起老伴儿时说道："我屋里的平时嘴巴子倒是不饶人，我真是要是倒床哒，他还是蛮尽心的。"

发人[$fa^{11}ʐən^{11}$]

指的是儿孙满堂，个个有出息，有时特指家中有男丁继承香火。

例一：风水先生指着老周家的地基说："这块地好发人。"旁边的人说道："还真是说倒哒，老周屋里的后人个个都不错，都说他屋里祖坟埋得好。"

例二：甲对乙说："我们屋里真是不发人啊，儿媳妇儿生两个娃娃儿都是姑娘。"

排头[$\mathrm{p^hai^{11}t^h\partial u^{11}}$]

有两种意义：一是指开头；二是指事情开始筹备或动手。

例一：业主们开大会，大家想动用维修基金，业主们说："动用维修基金，怎么去排头，晓得程序哒，我们明天就启动。"

例二：老张对装修的业主说道："现在是装修旺季，施工班子今天才建起，工程天把两天还排不起个头。"

杀外码[ʂa^{11}øuai^{35}ma^{53}]

指的是敲诈外来人。

例如：小王对开出租车的小李说："你刚才要不得，来个外地人你就杀外码，乱绕路瞎赚别人的钱。"

仙儿货・屌精啰嗦・扫辣・丑人八撒・哈脓包・抄家训

仙儿货[ɕiɚ^{45}øɚ^{11}xo^{35}]

有两种意义：一是指质量非常不好，还没使用就已经坏掉或报废的物件；二是指没有水平、没有能力的人。

例一：老张对老伴儿说："说哒便宜无好货，你看你买的这个电饭锅，就是个仙儿货，还不到一个月就坏哒。"

例二：小吴对其他同事说："那个刚来的小周，就是个仙儿货，也不晓得是怎么进单位的，简单的事一点儿都不会做，跟他一起搭班烦死哒。”

屌精啰嗦[tiau^{53}tɕin^{45}lo^{45}so^{45}]

指的是难缠、纠结又无理取闹的人。

例一：卖菜的老郑对旁边的人说：“刚才这个老婆婆儿，那么几分钱和我扯半天，经常在这个街上好屌精啰嗦的，都怕她。”

例二：小强妈妈对小强说：“好哒啊，莫紧倒屌精啰嗦啊，等你下次学习进步哒再考虑买山地车。”

扫辣[sau^{35}la^{11}]

形容一个人动作行为敏捷、做事速度迅猛，让人叹为观止。

例如：邻居背后议论老张家刚进门的儿媳妇说道：“他屋里儿媳妇做事好扫辣，每天下班后，一会儿就把饭弄熟哒，一家人吃得舒舒服服的。”

丑人八撒[tʂhəu^{53}ʐən^{11}pa^{11}sa^{11}]

指的是非常丑或非常不好意思，让人羞愧。

例一：小明妈妈说：“好哒，莫哭哒，好丑人八撒的，妹妹拿啊你的玩具就哭成这个样子！”

例二：甲对乙说：“有什么意见，你直接说出来，莫那么丑人八撒地在背后告黑状。”

哈脓包[xa^{53}lon^{11}pau^{45}]

指没有头脑、动作行为不靠谱又让别人受到损失的人。

例一：小强爸爸说：“你怕是个哈脓包吧，别人的车能随便用钥匙去划？”

例二：当地民众议论药家鑫案件：“那个娃儿是个哈脓包，把别个撞哒赶快报警，他还把别人连捅十刀，脑壳肯定是有问题。”

抄家训[tʂhau^{45}tɕia^{45}ɕyn^{35}]

詈语，一般是对行为放荡、坏事做尽、罪大恶极之人的咒骂。

例一：老王骂儿子道："我也不晓得是做啊么子孽，养你这么个抄家训，不顺序(顺心)，全家跟倒你受拖累。"

例二：一群混混打群架，围观群众骂道："也不晓得是哪些屋的抄家训，有娘老子养没得娘老子教，在街上惹祸。"

第四章　建始方言中的俗成语

建始方言的熟语系统中存在大量三字格、四字格及其他形式的熟语，它们在口语中相沿袭用，具有很强的定型性，这些特征与成语有一定的相似。但与共同语的成语相比，它们不是来自书面语，没有强烈的书面语色彩，相反，具有极其浓厚的口语色彩，并且具有浓郁的建始地域风采，我们可以将其定义为俗成语，如常见的有：

毛焦火辣　　点到风行　　颠三倒四　　姊儿妹子
对撞对过　　怀身夫人　　怪怪懂懂　　无张打野

建始方言俗成语的语义构建主要来源于建始方言口语及其相邻的地域词汇，有鲜明的修辞特性，固定成型，表义简洁大方、明白晓畅、生动形象，建始方言词汇系统中的俗成语主要有以下一些语义构建的特征：

一是大量使用人的五官(如眉、眼、口、嘴、鼻)及人的身体部位(如头、脚、心、肠、腿等)来构成俗成语，体现俗成语强烈的民间色彩和草根色彩。例如：

生眉绿眼　　瓜喵聊嘴　　区眉小眼　　巴心巴肝
红口白牙　　怪头日脑　　眼流巴撒　　心焦八焦

这些俗成语，有实在形容人的表情神态的，更多的是以字面意思为依托而产生的隐喻义。这些口语中常用的俗成语，正好体现了劳动人民近取诸身的表达习惯，用其引申义也多是身体隐喻，也体现出经济、实用的思维方式，如"生眉绿眼"除了形象描写人物的脸部表情之外，更多地体现出被描绘者蛮横无理的神态。还比如"红口白牙"并不是描绘唇红齿白，而是强调亲口说了什么话，或吃了什么东西，是确凿无疑的意思，如：这都是你红口白牙亲自说的，难道就不算话了？

二是用方言区常见的禽兽等动物构成俗成语，显示出其意义的构建与方言区人们的日常生活紧密相连。它们的意义也具有整体性，是字面凝固形式的隐喻义。例如：

牛踩不烂　　鸦雀窝子　　猴蹦舞蹦　　狗皮膏药

上例中"牛踩不烂"是指说话人所说的话极其难听，或所说的话非常粗俗、肮脏，一般人难以接受。"鸦雀窝子"并非实指鸟窝，而是指周边环境十分吵闹。"猴蹦舞蹦"是指人非常调皮活泼，无时无刻不在打闹，片刻不得休息。"狗皮膏药"指的是没用的物品。

三是多用数字来构成俗成语，特别喜欢"二""七""八"这几个数字。例如：

二□二□[the45]　　二甩二甩　　二不来□[thai45]
某人三四　　三请四催　　三天两头　　四手四脚
五搞六搞　　七七八八　　七弯八拐　　乌七八糟

上例中的"二□二□[the45]""二甩二甩""二不来□[thai45]"都是指不严肃、不认真、不正经的样子。"某人三四"有两种意义：一是泛指某个不确定的人，二是在代词"我"后代替自己的名字。"三请四催""三天两头"等俗成语中的数字，都不是具体的数目，指的是动作行为重复的次数和频率较高，泛指数量多。

四是使用一些建始方言区常用的口语动词来构成俗成语，体现出生动幽默的特点，如：

忽哄吓诈	扑爬连天	佯而不睬	怂头怂脑
玩玩打打	甩手甩脚	淘神费力	偷奸打滑

“忽哄吓诈”由四个动词并列而成，形容一个人的品性极其卑劣。“扑爬连天”指一个人辛苦劳作、任劳任怨、勤劳朴质。“佯而不睬”“怂头怂脑”等几个俗成语都指人品性不良，或精神状态不佳，或玩忽职守、挑肥拣瘦。

建始方言俗成语的语义特点有以下几点：

第一，大多数俗成语除本义外，都有其他派生义。如“玩玩打打”既指人游玩打牌，也引申为此人一生福气绵绵，无需操劳也是安然而生，有所批评同时也产生羡慕的情感。有的只有引申义的存在，本义反而消失或不常见了，如“生眉绿眼”，引申为性格顽劣、不接受教育。“巴心巴肝”指的是对人事物一心一意。

第二，建始当地的俗成语，绝大多数体现了说话者对人事物不同程度的贬斥、戏谑、调侃、不满，甚至厌恶的态度，所以俗成语在感情色彩上都具有较强的贬义色彩，只有少部分有明显的褒义色彩。如：“无盐淡茶”指的是没有意义、令人乏味的话或指没有任何实际价值的动作行为或指令；“饿里狗血”形容一个人言行举止猥琐龌龊，让人难以忍受，具有强烈的贬斥色彩。

第三，俗成语形象生动、朴实易懂，这是形成西南官话成渝片区词汇语义个性鲜明的原因之一。如：“油盐不进”本指豆类蔬菜不易吸收油盐，后来专指听不进别人的好言好语而一意孤行；“长声悠悠”并不是形容歌声美妙，而是指无理取闹或说话哭闹时声音故意拖得很长，以宣泄自己的情感；“要钱买妈”是带有反诘语气的俗成语，相当于“是什么特别重要的事情让你需要钱或拿着不义之财去做坏事”；“张视忘场”，形容注意力不集中、心不在焉。

总之，俗成语是方言的一种在形式与语义上都比较特殊而又成熟的熟语，它不同于普通话中一般的成语，也不同于惯用语、歇后语等熟语，在俗语中有较强的独特性。

建始方言中常用的俗成语释例

哎哟连天：不住地哎哟，形容十分反感或畏惧的感叹，有时也指无病呻吟。

巴不上坎：也作“爬不上坎”，比喻资金亏缺或经营亏损，有时也指能力有限，无法达到预期目的。

巴得上坎：与“巴不上坎”相对，指资金能够开支或能支撑的经济状况。

巴心不得：相当于普通话的“巴不得”，但愿如此，惟愿如此。

巴心巴肠：与“巴心巴肝”同义，对人和事物真心实意，没有私心。

八不耐烦：很不耐烦或指非常不高兴，很有抵抗情绪。

钻天打洞：形容想尽办法要完成某一愿望，多带有贬义。

把稳捉实：小心谨慎，一点儿也不马虎，形容态度认真、严谨，一丝不苟。

摆手摆脚：形容人无所事事，很悠闲的样子。

斑鸠脑壳：泛指在田间啄食庄稼的鸟雀。

棒棒话：显得较粗俗或很外行的话语。

屎口不开：指拒不开口说话。

百宗齐全：指样样齐备，一样不少。

比上不足，比下有余：情况不是最好的，也不是最差的，有时指中间分子。

瘪头凹脑：不齐整、不美观，看起来视觉形象欠佳。

扁担无啄[$tʂua^{11}$]，两头失撂[lia^{11}]：各种有利条件丧失，造成计划或愿望全部落空。

憋手憋脚：形容动作遇上阻碍而行动施展不便。

不打嗯顿[$th\partial n^{53}$]：指毫不犹豫地脱口而出，形容说话非常流利；有时也指不假思索爽快地答应。

不逗人作[tso^{11}]：不知好歹而使别人不愿与之交往。

数一数二：在群体中出类拔萃的人或事物。

残汤剩水：一是指字面上的剩饭剩菜，二是比喻别人享用过后丢弃的东西。

唱歌打谣：嘴里不住地唱歌哼曲，形容十分快活的样子。

扯皮拉筋：闹矛盾、破坏团结。

扯谎日白：满口的谎话，没有一句真话，人品极其卑劣。

扯野瓜藤：比喻乱扯关系，主要指为了达到某一目的乱攀亲戚熟人关系。

拉拉扯扯：指小孩子之间或男女之间互相打闹嬉戏或挑逗。

摛脚动手：动手动脚，形容一个人太过于随便、随性，不太安分。

冲进跶出：形容肆意发泄怒气的样子。

拄[$tʂhu^{53}$]棍打棒：拄着拐杖走路，形容身体不好、腿脚不便需要借助拐杖行走。

大务小事：各种各样的事情。

晴天白日：一是指大白天，二是指光天化日之下。

嘚头日脑：指人傻头傻脑的样子。

董头日脑：不谙世事、言行莽撞、举止怪异。

斗不到总：与总账不合或与预期的目标还差太多。

对门对户：门对着门、窗对着窗，形容很近的邻居关系。

对穿对过：很容易从一边直穿到另一边，形容稀薄或透明无遮蔽的样子。

多多少少：指或多或少，有时也指数量不多，还可指稍微。

儿多母苦：养育的孩子越多，母亲就越辛苦。

二四八月：指寒暑交替的春秋两季。

福浅命薄：福分小、命运差。

格里逢外：性格古怪、反常，让人无法理解，不易接触交往。

怪头日脑：形容一个人奇怪、古怪，不可理喻。

关门闭户：门窗都关得紧紧的、严严实实的，表明人外出不在家或躲在家里不出来。

鬼头日脑：心性乖谬。

行行势势：形容人或物的品质好、很高级，也可以指人的性格、动作行为、言行举止潇洒、洒脱。

恨病吃药：为治愈病痛忍吃苦药，也比喻为解决自身大毛病不惜忍受痛苦。

话言话语：指言辞表达或言语表面仅仅停留在话语表面。

黄狗碾窝：比喻绕圈子，不直接说明自己本意。有时也指人废话太多。

黄里日昏：头脑不清晰、行为举止不正常。

灰冷火熄：比喻一点动静都没有。

假巴意思：装出假相，假情假意。

筋筋扯扯：表面是指不规则的布条、线绳，引申为牵扯到责任或能引起纠纷的复杂关系，有时也比喻为这样或那样的拖累。

巾巾片片：比喻衣着打扮不整齐、衣衫褴褛的样子。

巾巾吊吊：表面上指飘挂着的条状物，引申为身上佩戴的项链、耳环等装饰物。

紧把细捏：指非常节省、严格控制开销。

脚踏手蹍：表面上指对扔在地上的东西随意践踏，引申为对物品的不爱惜。

脚耙手软：形容四肢无力、身体极度虚弱。

看菜吃饭：比喻针对不同的具体情况具体对待。

拦中八腰：人或事物的正中间。

男公妇女：泛指人世间男男女女。

死懒怪懒：形容人极端懒惰。

老牛拉纤：比喻很吃力、很艰难。

冷烟瞅［tɕhiəu^{45}］火：比喻一点动静都没有，也指一点没有生气。

年轻八轻：非常年轻，通常作为说话人的前提，含有强调年轻这一特性的意义。

凉风悠悠：凉风萦绕，形容凉爽宜人，十分舒畅。

眼泪八噻：形容眼泪汪汪的样子。

牛肠马肚：形容胃口好、能吃，一般都带有贬义，极言吃得过多。

啰里跨耸：形容很不干净整洁。

搂搂[ləu^{45}]把把：比喻全部综合、归总起来。

雷攻火闪：形容电闪雷鸣的样子，天气十分恶劣。也比喻大声斥责、气势汹汹的样子。

马尔虎之：粗心、不认真，相当于普通话的“马虎”。

出丑卖乖：通过出自己的洋相来献媚以讨好、取乐他人。

满打满算：算得足足的，把所有的都计算进来。

莽头日脑：形容人身躯高大、肥壮或粗大的样子，同时也有傻乎乎的意思。

毛焦火辣：皮肤灼热、发痒发痛，极不舒服，比喻人心神不宁、焦躁不安。

毛毛糙糙：形容做事不认真、马虎粗心、不细致。

没搞到利：没有得到预期的利益或效果。

每日朝朝：每天每日，日复一日。

闷[mən^{45}]起脑壳：埋头不作声，可褒可贬。

明打鼓要：明目张胆地强行索要。鼓，强行。

摸摸掐掐：专指男女之间不正常的动手动脚的挑逗、调戏。

磨角糙痒：形容心神不宁、坐立不安的样子。

挨挨擦擦：形容轻佻或另有不良企图地与别人进行身体上的摩擦。

碍口是非：表示想说却又碍于面子没有说出口或没有直说，形容害羞的样子。

熬更受夜：晚上得不到充足的睡眠，形容一个人非常地忙碌，少有休息时间。

咬牙咧齿：态度蛮横、面部狰狞，形容一个人极其凶恶。

硬鼓翘皮：比喻性情固执、任性、倔强，不愿意求助他人。

泡子岔岔：形容泡沫非常多，不易清洗。

皮不巴膀：不相干、没有任何联系的几样事物。

漂而浪荡：指不务正业、在外四处游荡、游手好闲之人。

平阳大坝：指地势平坦、向阳、宽敞的地方。

品品人物：指能力水平、身份职位、辈分等情况都很一般的人物。

撒[sa^{11}]天泼地：泼洒的满地都是，形容动作幅度过大。

铺盖帐笼：所有床上用品的统称。

七拉八扯：形容推推搡搡、拉拉扯扯的样子，也比喻为牵强附会。

牵丝挂网：比喻很多丝一样的东西，像挂着的蜘蛛网，也比喻为十分杂乱的东西接连不断地出现。

前世冤孽：迷信的话指的是前世的冤仇今世的报应，后来泛指生活中种种不如意的人生状况，有时也指自己的配偶。

亲戚六近：指各方面的亲戚。

青枝绿叶：形容植物长得茂盛的样子。

清醒白醒：形容神志很清醒、印象深刻、很清楚的情况。

穷吃饿吃：形容吃食物时因贪婪而吃相不好的情况。

嘁嘁拱拱[kon^{11}]：形容贴近耳朵小声交谈，以免其他人听见的情形，后泛指不能公开的言行或举动，贬义色彩较浓。

黑黢麻拱：形容非常黑，可以指颜色也可以指天气情况。

杉木脑壳：表面上指杉树蔸，引申后是棺材的婉言。

三茶三饭：指一日三餐，后泛指各种生活情况。

三请四催：形容反复多次请求和催促，多有无奈之意。

三天两头：形容动作行为间隔时间太短，频率太高。

苕里日气：形容人非常地傻、笨、蠢。类似的还是“傻里日气”“苕头日脑”。

生拉死扯：强行拉扯别人就范或牵强附会、勉为其难。

神头神脑：形容表情神秘或指人幼稚但却胆大。

审倒审倒：指轻轻地、小心翼翼地、试探性地进行。

四周八围：指的是四周、四处、周围之地。

水冷草枯：形容冬季时节，大自然一片肃杀、萧条之气。

糖食糕饼：各类小吃的汇集，后成为点心的统称。

淘殇费力：耗费太多的精力却得不偿失。

天穿地漏：形容房屋非常破烂，完全丧失遮风挡雨的基本功能。

偷奸耍滑：偷懒耍滑头，投机取巧。

偷人养汉：女性出轨，一般为詈语。

凹眉凹眼：形容人的容貌鼻梁凹陷的模样，后也指低眉深眼恨人的样子。

屙痢狗血：詈语，形容一个人的言行举止小气，让人恶心。

无依盗时：指无缘无故到让人觉得非常荒唐的地步，有时也指肆无忌惮而让人恨。

无早八早：形容时间非常早。

心焦八焦：形容心烦意乱的样子。

四仰八叉：面朝天，四肢伸展朝天躺着。

一手一脚：自始至终亲历亲为，形容事必躬亲的样子。

以老八实：形容人老实率真、态度认真、严谨细致。有时也作“一老一实”。

油煎火熬：表面上指烹饪方法，后引申为历经磨难。

圆盘大脸：形容人脸形圆阔，人生得有气质、有福气，让人心生羡慕之感。

装烟倒茶：招待客人的礼仪，形容非常客气。

第五章　建始方言中的谚语

谚语是广泛流传于民间的言简意赅的短语，多数反映了劳动人民的生活实践经验，而且一般都是经过口头传下来的。它多是口语形式的通俗易懂的短句或韵语，是人们生活中常用的现成的话。谚语类似成语，但口语性强，通俗易懂，而且一般都表达一个完整的意思，用以揭示客观事理或总结实践经验，富于教育意义。形式上差不多是一两个短句，有的以对偶的形式出现。谚语简单凝练，往往省略了很多句子中必不可少的成分，在结构上具有相对的稳定性，往往作为一个相对完整的现成的语句被引用。除了一部分与普通话相同的谚语，建始方言中也有一些独特的谚语。

一、谚语的思想内容

谚语表示的是历代老百姓的生产生活经验的总结，这些经验经过长期的检验，具有较强的权威性。谚语因其内容多姿多彩、涉及了人生的各个方面而广为流传，人们往往把谚语当作至理名言，具有不可辩驳的真理性，当需要教育他人或阐述事理时，经常引用谚语，以增强语言的说服力。

有关于农事、农业和畜牧业生产方面的经验总结，例如：

斑鸠叫要天晴，老鸹叫要死人。
板栗像多卵，还要种一碗。
不懂不懂，清明下种。
不怕田瘦，只怕田漏。
斑四两，鸽半斤，麻雀二两不用称。

有关于气象、节气方面的总结，例如：

清明断雪，谷雨断霜。
清明不明，谷雨不淋。
百露无雨，百日无霜。
百露谷子不勾腰，割回家中当柴烧。
不怕立秋晴，就怕立秋淋。

有教育为人处世之道的，例如：

不怕少年苦，就怕老来穷。
满饭可吃，满话莫说。（说话一定要留有一定的余地。）
好狗不撵鸡，好汉不打妻。
养儿不读书，只当喂头猪。
好人说不坏，水退石头在。
火怕烧苕，人怕坐牢。（想要火烧得旺，就不要在里面烧苕；要想人活得自在，就不要犯法坐牢。）
噘人脏口，打人伤手。

有关于养生、保健之方的，例如：

百草都是药，凡人认不着。
寒从脚起，病从口入。
好汉只怕病来磨。
男怕肿脚，女怕肿头。

还有其他各个方面生活经验的总结，例如：

不怕无能，只要有恒。
奔起来慢，败起来快。

鼻子朝下生，眼睛朝上看。

寒时吃稀，忙时吃干。

咸不掺水，淡不加盐。（不参与别人的闲事）

开水不响，响水不开。

烂肉不去，新肉不长。

老实人办出结巴事。（表面上老实的人往往会做出一些死板不变通的事。）

老不正经，教坏子孙。

杯米养恩人，斗米养仇人。

穷人气大，富人屁大。

二、谚语的语法结构

从语法结构上来看，谚语可以分为单句和复句两大类，以复句占多数，不管是哪一种类型，谚语都必须较完整地表达出当事人的意图，使用时一般都是独立成句。

1. 单句形式的谚语

单句形式的谚语一般都是主谓句，例如：

破家值万贯。

老来无人情。（人到老年，人情世故慢慢淡化。）

一文钱逼死英雄汉。

好记性不如烂笔头。

老鼠子放不得隔夜食。

金窝银窝，不如自己的狗窝。

也有少部分是非主谓句，例如：

有奶就是娘。

二四八月乱穿衣。
有钱能买老来瘦。
背起娃娃儿找娃娃儿。

2. 复句形式的谚语

复句结构的谚语在外在形式上大都包括两个分句、一个层次，只有少数个别是三个以上的分句、两个层次的，其间的结构关系有并列、承接、因果、转折、条件等，例如：

猪往前拱，鸡朝后刨。(比喻各有各的生存方式)
一回生，二回熟，三回四回肉挨肉。
不当家不知柴米贵，不拿秤不知斤两重。
跟好人学好人，跟到端工扮鬼神。
早晨发霞，干死蛤蟆；晚上发霞，等水烧茶。
一九二九，怀中插手；三九四九，冻死猪狗；五九六九，岸上看柳；七九八九，河开雁来；九九加一九，耕牛遍地走。

三、建始方言中常见的谚语释例

【黄瓜还没起蒂蒂儿】起蒂蒂儿，长出瓜蒂。字面意思指小孩子生理心理都没发育健全。比喻事情还没有开头，离成功还有很远的距离。

【鸡公屙屎头节硬】字面意义是指公鸡拉屎只有第一节是干而硬，后面则是稀而软，比喻做事不能持之以恒，虎头蛇尾。

【见人屙屎喉咙痒】看到别人做什么，自己也想跟着做什么。比喻随人行动，毫无主见。

【巴到篱门坎儿狠】只能在自己家里逞凶斗狠，比喻没有任何外出闯荡的能力和资本，无法正确面对现实。

【巴豆救人无功，人参杀人无过】比喻小人物功大化小，大人物错大化无，批评了社会不公正不公平的现象。

【假爱干净尿洗锅】比喻人假装爱干净却又做出十分恶心的事情。

【八十不过午，九十不过夜】对上了年纪的人，不要劝他们在外就餐住宿，以免发生意外。

【话说三道无人听】比喻同一事情如果多次重复，即使再精彩也会被人反感、厌弃。

【白露莫露身，寒露莫露脚】身体保健类谚语，白露、寒露两个不同节气的保养要领。

【拿起石头砸天】比喻弱小的力量对抗不了强大的对手，也指弱小的力量无法扭转大势所趋的局面。

【扁担倒下来个"一"字都认不倒】形容彻头彻尾的文盲，一字不识。

【病怕无名，人怕有名】叫不出名字的病难治，人出名后麻烦，各有各的痛苦，各有各的不利。

【薄处先通，细处先断】比喻问题最容易发生在薄弱环节。

【不怕慢，只怕站】即便速度不快，总比停下来停滞不前要好许多。

【女人找汉，穿衣吃饭】女人的幸福来源于找个好丈夫，劝说女性要擦亮眼睛，要嫁个好人家。

【不下高粱本，哪来老酒喝】没有付出就没有回报。

【不吃是没饿得的，不做是没穷得的】比喻没有经历过苦难就不会珍惜所拥有的幸福。

【不当家不知盐米贵，不拿秤不知斤两重】比喻任何事情只有亲身经历过，才会有真切的感悟。

【财多利己，儿多操心】拥有财富是好事，儿子养多了，操心则是必然。

【蚕不吃桑丝不吐，人不读书理不知】强调读书的重要性。

【小话败坏真君子】即使很正派的人，也怕别人恶意的中伤。

【猫娃儿闻不得鱼腥臭】比喻贪婪的人只要一遇到机会就会起坏念头。

【朝无二主，蜂无二王】比喻一个集团里边不能同时出现两个领袖。

【头发一根根地扯，生疼；头发一攥攥地扯，不疼】比喻对小事物的丢失很在乎，而对较大利益的损坏却视而不见，常用来批评损公肥私的现象。

【成家容易养家难】形容人生活不易。

【寸土三撮泥】一小堆泥土也要装很多撮箕，警示不要轻视小事物。

【秤砣虽小，四两拨千斤】比喻某些表面上看起来微不足道的事物，它的实际使用价值还是很大的。

【吃家饭，屙野屎】比喻吃里爬外的行为。

【吃呆[$øai^{11}$]饭，打臭屁】比喻只会做一些基本的、重复机械化的简单动作。

【酒醉聪明汉，饭胀死木头】生活类谚语，比喻傻子除了吃饭别的都不会。

【吃饭捡大碗，做事寡偷懒】寡，是尽的意思。比喻偷奸耍滑之人劳作之时偷懒，分享利益的时候却又要获得最大利益。

【吃不穷，穿不穷，算盘不打一世穷】算盘不打，指的是不会操持家业、不会理财。比喻家庭里要有好的理财观点和整理内务的能力。

【吃别个的嘴软，拿别个的手短】接受了别人施舍就容易在原则面前妥协或放弃自尊，无法坚守自己的处事原则和法度。

【驴子下儿不知贵贱】比喻头脑模糊不清，分不清主次轻重，任意胡行。

【粗牢实，细好看】粗大的东西结实，细小的东西外观好看，比喻各有各的优缺点。

【初学敢走天下，再学寸步难行】比喻知识越多越谨慎，越是有学问的人越是谦虚谨慎。

【出门看天色，进门看脸色】出门时要好好看天气情况，到别人家进门时要观看主人家的情绪和态度，比喻要善于察言观色。

【出水不怕小，只要流得长】比喻任何事物不在于多少，而在于细水长流。

【穿衣戴帽，各有爱好】各有各的审美观点，各有各的喜好。

【打人莫打脸，噘人莫揭短】比喻做任何事情不要做得太绝，要留有余地，给自己留有后路。

【打铁看火候，说话看脸色】要善于观察，学会察言观色，才能做到事半功倍。

【大门不出，二门不迈】呆在家里不出门，用来形容宅男宅女。

【大人望栽田，细娃儿望过年】大人们挂念的是家中的农活要及时做完，小孩子盼望的是过年时的欢乐和无忧无虑。

【大雪落大雪，来年旱五月】气象类谚语，大雪节气里下大雪了，那么第二年五、六月份就有可能出现旱情。

【大吃大喝顾眼前，省吃俭用度荒年】富裕时要有节制，消费时要有备荒的计划。

【有时常把无时思，莫待无时思有时】比喻时时要有危机意识，时时要珍惜眼前的生活，要有长远的计划，做好后备之需。

【当做的不做，豆腐里放醋】比喻不做正事，做过的事却又适得其反。

【当面数钱不为过】当着付款方把钱款清点清楚是正人君子的做法。

【当家才知油米贵，养儿方知父母恩】成家立业之后才知道生活的艰辛，自己有了子女才懂得父母的养育之恩。

【刀子是磨出来的，本事是学出来的】任何成功都是靠实实在在的努力和辛勤的耕耘才收获到的。

【灯盏无油，枉费芯(心)】没有关键性物品来支持，就等于做了无用功。

【地下没得根，地上不长草】比喻任何事情的出现都有原因。

【弟兄只望弟兄穷，妯娌只望妯娌怂】怂，指的是穷困潦倒；形容弟兄、妯娌之间都是互相盼望着对方比自己差比自己潦倒的阴暗心理。

【点秋荞不如栽秋苕】家谚，比喻做事要做有经济效益和社会效益的事，不要做无用功。

【吊起腊肉吃光饭】比喻过分节俭，也比喻有现成的良好的条件而乐于吃苦的积极心态。

【丢棍狗咬人，猫走鼠伸腰】比喻一旦丧失制服对方的手段，敌对势力就会卷土重来，趁势作乱。

【冬吃萝卜夏吃姜，不用医生开药方】养生保健类谚语，强调萝卜、姜的重要性。

【东方不亮西方亮】比喻人在困难面前要看到希望，也指一种条件丧失，必将会有另一合适的条件出现，总会找到突破口，挽救当前的困局。

【人说坝里麦子好，你说胯里胡子好】比喻各自说的话题完全不对，常用于调侃耳背之人。

【读书的说书，喂猪的谈猪】不同职业、不同行当的人有不同的话题，各有各的闪光点，各有各的关注点。

【豆腐多的是水】比喻某些东西看似数量非常多，很有吸引力，其实并不实在。

【豆腐盘成猪肉价】比喻本来价格便宜的东西由于运输成本或其他原因而导致价格上涨得离谱，偏离其本来价格。

【山大遮不住太阳，牛大压不死蚂蚓子】比喻大有大的好处，但也有大的不足和短板，要正确充分地利用自身的长处。

【端阳不挂艾，屋里时妖怪】民俗类谚语，端午节当天必须挂上艾草，要不然家里有邪气。

【多双筷子多个碗】借指多个人口吃饭并不是件为难的事情，也比喻邻里亲戚关系非常和谐。

【多个麻雀多个脑壳】比喻自身个体虽然渺小，但多一个个体就多一份力量，强调个体与集体的关系。

【翻过去猫娃儿黑，翻过来黑猫娃儿】比喻说话重复累赘，没有新意。

【饭后一百步，一生不得进药铺】养生保健类谚语，饭后适量运动有利于身体健康。

【放碗不放筷】比喻明面上已经放弃相关利益，但实际上还想掌控把握相关情况，贪念较大。

【肥肉上添膘，鸡脚上刮油】比喻不正当的、不恰当的利益增减。

【逢贵莫赶，逢贱莫懒】指的是商品行情好的时候不要去凑热闹，行情低迷的时候则应及时把握机会，快速出手。

【福在丑人边】长得丑的人往往比长得好看的福气要好得多。

【丑人多作怪】长得丑的人经常出丑卖怪，比喻相由心生，多用来批评别人爱出风头，与长相的美丑没有必然的联系。

【福无双至，祸不单行】好事往往不会接连发生，坏事则往往连续发生。

【眉毛胡子一把抓】形容不加选择、不予以区分，全盘照收。

【妇人心，鞋底针】妇人一旦变坏，心肠便十分狠毒。

【要死卵朝天，不死在人间】比喻听任命运摆布而不加以抗争，对祸福生死抱着无所谓的、消极的态度。

【甘草黄连，有苦有甜】甘苦顺逆，人情冷暖，都是人生所都要经历的，应从容面对。

【干儿干女酒饭客，离了酒饭记不得】有人做干儿干女并不是为了情义，而是出于某种利益的驱使。

【赶前不赶后】比喻做事要合理安排，前紧后松。

【高者不说，说者不高】真正有本事有能力的人不会自吹自擂。

【叫花子也有三天年】地位再低下的人也有休息、放松的时候。

【八十岁都还要有个妈】强调母爱的伟大和母亲的重要性，也反映出母亲在个人成长过程中的作用。

【隔河两里半，打水不相溅[tsan^{35}]】比喻互不相关，不会发生利害冲突。

【跟到狗子打和和声】比喻没有自己的主见，跟着坏人一起帮腔助威，助纣为虐。

【公子不叫母子叫】字面上指的是长时间没有公鸡相伴的母鸡在体内性激素失调的情况下也会学公鸡鸣叫，比喻一种条件缺失，会有另一种情况应运而生。

【秤不离砣，砣不离秤】比喻夫妻关系要相互扶持、相互依存。

【碰到沟沟是沟沟，碰到坎坎是坎坎】形容无人照顾的流浪、孤独生活，生命随时消逝，也比喻对生死的一种无所谓的态度。

【响鼓不用重锤敲】比喻聪明、灵敏、懂事的人只需轻轻点拨即可达到预期效果。

【鼓打千锤不如雷哼一声】比喻小人物千言万语，也不如大人物(有权势的人)只言片语来得有效果。

【怪人不知礼，知礼不怪人】无端地怪罪别人是因为不知礼数，而懂得礼数的人是不会随便怪罪别人的。

【官大一级压死人】长官为所欲为，下级任由其胡来，一点办法也没有，只能无可奈何地被动接受。

【官有十条路，九条民不知】官场谚语，比喻官场深晦。

【官不打送礼的，狗不咬屙屎的】官场谚语，揭露官场为官之道。

【管他二十三】比喻不要多管闲事，一概置之不理。

【管天管地，还得了我屙屎打屁】什么都可以管，不要去管不该管的事。

【光做不歇，五谷不结】强调生产劳作与适时休息的关系，要注意劳逸结合。

【鬼变三道无人怕】比喻吓唬人的手段重复使用多次也就没有了效果。

【棍棒底下出孝子】严厉的管教才能教育出品性优良的子女。

【锅儿原来是铁打的】经过多次教训之后，总算明白错误失败的真正原因。比喻铁定的无情的客观现实。

【锅里有碗里才有】比喻国富民才强。

【各人的屁股各人擦】比喻各人的问题各自解决。

【寒从脚起，病从口入】养生保健类谚语，脚和口都是身体最重要的部分，要注意保护。

【好话说得一箩筐】中听的话说得很多，让人听得非常舒服，有时也比喻好话说得过多有夸夸其谈之嫌，严重脱离实际情况。

【话有千说，理有百端】同一件事常常有多种说法，同一句话常常有多种含义，对同一件事不同的人有不同的理解。

【会嫁的嫁人，不会嫁的嫁财】强调女性嫁人首选对方人品，人品比钱财更重要。

【火搬三道熄，人搬三道穷】比喻经常搬家迁移耗费精力和钱财。

【火到猪脑壳烂，钱到官司自然赢】火候到了猪头肉自然会熟，有足够的钱去打点，打不赢的官司也会赢，讽刺司法腐败。

【好人命不长，坏人活千年】恶人肆虐、好人命短，批评天道不公。

【鸡鸭鱼蛋，赶不到火烧黄鳝】鸡鸭鱼蛋都比不上火烧黄鳝鲜美可口。

【季节不等人，一刻值千金】农谚，种田要抓住季节。

【踮起指胳儿使哈[xa^{53}]力】哈力，蛮力，傻力。形容假装很努力，实则装腔作势假模假样贪懒怕苦，有时也指不会使用技巧，只知蛮干。

【捡一个总比丢一个好】得到的哪怕再少总比失去要好得多。

【见人说人话，见鬼说鬼话】讽刺说话无原则，没有是非观点的人。

【交不完的朋友，解得开的冤仇】尽可能地结交朋友，尽最大努力地消除仇恨。

【脚脚踩在路中央，不怕别人说短长】品行端正的人不怕别人说长道短。

【久病无孝子】父母患病时间长了，儿女的孝心也会逐渐减弱。

【酒开路，烟搭桥】指烟酒招待在日常交际生活中能起到比较重要的联络感情的作用。

【君子面前莫说假，朋友面前要道真】修身养性谚语，真正的正人君子是不会说假话的，对人也是真心实意的，从不隐瞒。

【口水儿淹得死人】舆论的谴责力量是强大的。

【裤带有松紧，屙屎有快慢】动作快慢方面每个人都有差别，要正视这种客观存在，要求每个人的速度都一样也是不合理的。

【老鼠不打空仓，燕子不进仇门】老鼠不会在没有粮食的仓库上打洞，燕子不会到不喜欢它的人家筑巢。比喻事有因果，顺其自然。

【离家十里路，各有各乡风】不同的居住地，各有各的乡风异俗。

【娘家饭菜香，婆家饭菜长】出嫁的女性，娘家再好也不可久留，只有婆家才是终身厮守的地方。

【妈肚子里有儿，儿肚子里没得妈】只有当父母的才会时时关注自己的子女，但子女们却未必时时把父母放在心头。

【聋子眼睛尖，跛子手杆长】人体的某一功能有缺陷必有相应的功能予以补偿。

【你是你，我是我，猫儿不跟狗打伙】猫跟狗合不来，比喻人以群分，物以类聚，界限分明。

【管他牛打死牛，还是马打死马】比喻不介入与己无关的争斗和矛盾之中。

【走到哪里黑，就在哪里歇】比喻办事没有计划，随意性较大。

【有心拜年，端午不迟】比喻只要有心要做的事，再晚都不迟，迟做总比不做好。

【说起风，就是雨】刚说起要做某事，就马上要真的做某事，形容太过着急，急于求成。有时也指假装很认真很严肃。

【读书读到牛屁眼儿里去哒】比喻一个人读书读得非常死板，书读得越多居然越不明事理，还不如没读过书的人。

【一碗肉闷在饭里吃哒】指的是好东西被悄悄埋没了，没有机会展示给大众，比喻聪明才智或心计藏而不露。有时也指刻意地保持低调、不张扬，好东西自己悄悄享用。

【哪里见到，哪里发财】发财，指的是采取行动。一般为双方威胁用语，有意见、有怨恨，暂时先放下，以后只要有机会就会采取报复行动。

【小时偷针，长大偷金】教育小孩子从小要养成良好的个人修养。

第六章　建始方言中的歇后语

歇后语是汉语的一种传统的特殊语言表达形式。它一般将一句话分成两部分来表达某个含义，前一部分相当于谜面，是比喻，后一部分是谜底，是意义的解释。在一定的语言环境中，通常说出前半截，“歇”去后半截，就可以领会和猜想出它的本义，所以称它为歇后语。歇后语也叫俏皮话，可以看成是一种汉语的文字游戏。

歇后语由劳动人民在日常生活中创造，具有鲜明的民族特色和浓郁的生活气息。歇后语幽默风趣，耐人寻味，为广大人民所喜闻乐见。古代的歇后语虽然很少见于文字记载，但在民间流传也是不少的，如钱大昕《恒言录》所载：“千里送鹅毛，礼轻情意重，复斋所载宋时谚也。”陈望道在《修辞学发凡》中称之为“藏词”，例如用“倚伏”代替“祸福”（出自《道德经》：“祸兮福所倚，福兮祸所伏。”）。这种歇后语需要一定的文言功底，其使用范围受到了限制。后来的歇后语在结构上是“比喻——说明”式的俏皮话。使用的人往往只说出比喻部分，后面的解释部分则让对方自己领悟。歇后语经常使用双关、谐音、夸张、隐喻等修辞手法，形象地描绘人物或事物的形态、品质、特征及人物的思想、行为、动作、际遇、运气等。好的歇后语会令人会意而笑，有的给人以意外的惊喜，也有的会给人以哲理的思考。

在各地方言中，都有许多具有地方特色的歇后语，它们都是当地方言的重要组成部分，不光具有普遍的生动性，更具浓郁的地方性。普通话中的歇后语大多数建始方言中也在使用，但建始方言中还有一些普通话中没有的歇后语，包含了当地特有的地方词汇和地方文化。如：“夜蚊子咬菩萨——认错人”，当地“蚊子”和“苍蝇”

不分，咬人的和不咬人的都称之为“蚊子”，区分的标准就是咬人的称为“夜蚊子”，不咬人的称为“饭蚊子”；“阳雀的马马——不见骑(其)后”，当地把“杜鹃鸟”叫作“阳雀”；“场背后下雨——街背湿(该背时)”，建始方言中“街”读[kai45]，“湿”与“时”谐音，形容人的运气不好。从某种意义上说，它们更具有文化价值。

下面所收录的，就是建始当地及附近西南官话中比较有特色的部分歇后语，让读者感受一下建始歇后语的基本特点。

嘴衔灯草——说话轻巧。(把较大的事情不负责地轻描淡写。)

棕叶子套狗——卯(铆)起的。(豁出去了，卯是指当地用棕叶绳或铁丝套住腊肉块以便悬挂或提动，与“铆”谐音，表示不计代价、不计后果。)

大米饭喂猪——惯适哒。(不好的习惯都是因人为的骄纵而形成的。)

□[pai45]子的屁股——翘得很。(形容非常红火、抢手。)

半夜吃桃子——捡粑的捏。(指欺软怕硬。)

半天云里扯锯——天一锯(句)地一锯(句)。(指说话不着调、不着边际。)

瞎猫吃死老鼠儿——碰到的。(并非靠自己能力得到的实惠，无意中遇到的好事。)

胡子上粘糖——毛甜(茅田)。(茅田为建始下辖的乡。)

香炉钵里一泡屎——怪鬼。(泡[pa45]，量词，意为“怪哪个”。)

狗子坐囚笼——不扶人抬举。(詈语，指人不识相，不识抬举。)

瞎子死独儿——没得眼睛看。(无心思看或不忍心看。)

瓦碴子揩屁眼儿——刮兜(毒)。(刮毒，意为恶毒、刻薄。瓦碴子，有锋利尖角的瓦片。)

驼子淋雨——背湿(时)。(不走运，谐音双关。)

田坎上放牛——一路走出头。(一直往前走，或指事情进行得非常顺利。)

瘫子吼强盗——动口不动手。(口头上说得非常带劲却不付诸实际行动。)

塌鼻子戴眼镜子——没得搁落。(搁[kho^{45}]落，着落。意为没有着落。)

两娘母卖的苕粑粑——一模一样。(事物本源相同，没有差别，有时也指事物没有任何改进或变化。)

宋朝天下五百年——狗日的当家。(詈语，歹人当道。恩施地区民间传说宋太祖赵匡胤的父亲是条狗。)

老妈子打□[$tson^{35}$]——又是一折。(□[$tson^{35}$]，皱纹。意为一件事情结束又开始新的一件。)

死鱼的尾巴——不摆了。(摆，摆经、摆古、讲故事。意为不说了。)

十五个驼背子睡一床——七翘八拱。(形容不平整、不齐心、情感不协调、意见不协调，分歧很大，各自为政。)

神仙放屁——不同凡响。(语义双关，与众不同，超凡脱俗。)

孙猴子坐主席台——像个大人物。(人模人样，讽刺官场之语。)

山顶上打锣鼓——四方闻鸣(名)。(形容声音远播，流传广泛。)

三条裤娃儿破啊两条——看你嘚哪一条。(意为没有骄傲的资本。)

三气打落一气——二气。(二气，高傲的意思。打落，丢失的意思。)

六月间穿皮大褂——里外都热。(表示真心真意地感兴趣或指各方面的人都很感兴趣。)

三十晚上玩龙灯——越玩越转去。(意为不思进取，退步得厉害。)

杀猪佬儿拉胡琴——油(游)手好弦(闲)(谐音双关类歇后语。)

杀猪杀猪屁眼儿——各有各的刀法。(每个人都有不同的解决问题的方法和措施。)

菩萨搬家——神(撑)不住哒。(神，意为支撑。典型的谐音双关类歇后语。)

皮匠的锥子——当针(真)。

五十两的银子——一锭(定)。

螃蟹上树——巴幸不得。(意为但愿如此。)

矮子巴楼梯——步步登高。(巴，意为爬。)

木匠吊墨线——睁一只眼，闭一只眼。(典型的语义双关类型歇后语。)

篾片子穿豆腐——提都提不得。(意为不要提及某人或某物。)

猫娃儿下狗娃儿——八怪都出来哒。(做出荒唐事，没有想不到，只有做不到。)

猫娃儿舔米汤——糊口。(语义双关，意为勉强维持生计。)

茅斯旁边打地铺——隔屎(死)不远。(谐音双关，意为死期将近，临近死亡。)

茅斯里的石头——又臭又硬[ən³⁵]。(比喻让人讨厌的人或事物。)

麻屄上的虱子——不逗人捉(作)。(詈语，由于不知好歹或不清是非，使别人不愿与之交往。)

聋子看戏——不晓得台上在搞么子。(不知道台上为什么这么热闹，有时也指表意模糊，让人费解。)

凌钩子捅屁眼儿——心都冷哒。(令人非常失望。)

尿包打人不痛——胀人。(让人生气。)

两个老鼠子偷猫食——哪个都不敢先上前。(都有畏怕情绪。)

两娘母赶场——没得卵扯。(赶场，赶集。意为没有话说，或没有毛病可挑。)

热水洗冰棒——越洗越缩。(指事情越往下继续情况越糟糕，形容情况每况愈下，没有办法挽救。)

老鼠子钻书箱——咬文嚼字。(语义双关类型歇后语。)

老鼠子爬秤杆——自己称自己。(意为要有自知之明。)

老妈子打哈欠——一望无牙(涯)。(谐音类歇后语。)

烂泥巴摇桩——越摇越深。(比喻情况越来越糟，越是费力效果越是不好。)

癞磕包儿咬人——样子做得吓人。（癞磕包儿，癞蛤蟆。比喻本事不大、虚张声势、装腔作势的样子。）

癞磕包儿被牛踏啊一脚——浑身是病。（弱小的被强大的物体所伤，留下的伤痛是巨大的，表示很无能为力的样子，无助地接受现实。）

裤裆里玩狮子——舞不开堂。（语义双关类谚语，形容受客观环境影响，无法呈现应有的效果，也指没办法应付。）

大腿上搓汤圆——一手一脚。（形容事无巨细亲历亲为，自始至终由自己一个人完成。）

孔夫子的徒弟——贤（闲）人。（谐音类谚语。）

胯[kha^{35}]里丢梭子——织（值）卵。（詈语，相当于算不得什么，没什么了不起的。）

火柴头修磨子——走一路黑一路。（形容人的名声极其恶劣，所到之处无不留下恶名、矛盾、问题。）

黄牛鸡巴黑卵子——格外一条筋。（詈语，指的是想法、做法与众不同或不符常规。）

黄伯劳儿养儿——一礼还一答。（黄伯劳，民间说其为不孝之鸟，有幼鸟长大后啄食亲鸟的说法。比喻不孝敬父母的人同样也会得到相应的报应。）

猴子坐板凳儿——充人。（故弄玄虚，装腔作势。）

猴子掰苞谷——掰一个甩一个。（掰[pan]，比喻盲目贪多求数量，而不善于总结和巩固已有成果，虽然付出了极大的代价却仍一无所获。）

后脑壳上的头发——摸得到看不到。（没有人能正确预计到自己未来的命运和前程。）

寡母子养儿——全靠外人帮忙。（寡母子，指的是寡妇。倡扬乐善好施、扶危济困。）

狗子咬刺猬——无处下口。（心有余而力不足，无从下手。）

狗子吃粽子——无解。（有心事却没有行之有效的办法。）

公公老汉儿背媳妇儿——费力不讨好。（公公老汉儿，公公。媳妇儿，儿媳妇。有心办好事，却引来不必要的麻烦，要学会避嫌。)

叫花子养娃娃儿——没得地方放。(自身条件困难，没有能力提供相关条件。)

叫花子走夜路——假忙。(故作姿态，做一些无用功。)

胡萝卜比鸡巴——明明不相同。(从表面上和内里看，都不一样，形容两者的区别一目了然，根本没有可比性。)

坟地里买布——鬼扯。(语义双关类型谚语，指乱说一气。)

肚脐儿里放屁——腰(妖)气。(谐音双关类谚语，指不正常的现象。)

堂屋里放粪桶——臭名远扬。(堂屋，大厅。指恶名趁势传播久远。)

衙门口的狮子——坐起就不动。

茶壶罐罐儿炖鸡子——脚爪爪儿都还在外头。(有明显的破绽却没有发现，比喻前期的准备工作没做好。)

嘴上抹石灰——白说。

掉啊毛的刷子——有板有眼。(比喻说话做事有条理，有说服力，让人信服。)

老妈子吃盐菜——歪嚼裂嚼。(满口胡言，胡搅蛮缠。)

口袋里装茄子——叽咕叽咕。(字面上是指茄子在口袋里互相挤压发出闷响，实指人由于内心不满而心生不悦、满口抱怨。)

穿起钉鞋拄拐棍——稳稳当当。(钉鞋，一种鞋底有钉的防滑鞋。穿着钉鞋又拄着拐棍，双重保险，比喻十分稳妥。多形容人小心谨慎、考虑得非常周全。)

聋子的耳朵——摆设。(比喻虚有其表、徒具表面形式、没有实用价值的东西。)

第七章　建始方言中的惯用语及歌乐句

惯用语是口语中一种短小定型相沿习用的固定词组，一般以三音节为主要的固定格式，又有比较灵活的多音节结构和强烈的修辞色彩，是大众在长期的劳动生活中口头创造出来的，表义精练准确，为大众所熟知和喜爱。

一、惯用语的特点

惯用语的语义不光是字面意义简单的呈现和叠加，它通过比喻等方法而获得修辞转义，常用来比喻一种事物或行为，相当于一个词或词组，比如“吃大锅饭”“半瓶子醋”“背黑锅”“背天时”“行狗屎运”等，用起来自然、简明、生动、有趣，给人以无穷无尽的回味。

惯用语虽然是一种较固定的词组，但定型性比成语要差些。惯用语与成语有一定的相似性，但两者的区别也是明显的。一是惯用语一般是从口语发展来的，口语化强，而成语来源较广，且多用作书面语；二是惯用语的语义单纯易懂，而成语的语义丰富、深刻；三是惯用语使用随便，可分可合，如“吃大锅饭”可以说“吃了好几年的大锅饭”，中间可加字，而成语使用要求很严格，中间不能加字，不能拆开使用。我们在使用惯用语时，应该注意辨析它的意义，弄清它的感情色彩。“磨洋工”和“挨时候儿”意思很相近，一个偏重指工作时拖延时间，懒散拖沓；一个指故意纠缠而拖延时间。惯用语大多带有明显的贬义色彩，讽刺意味比较浓，使用时要分清对象。“放冷箭”和“顺到竿竿爬”之类的词语，只能用在反面事物或否定的事物上；“打头阵”和“唱主角”就不一定有贬义意味。

此外，还有一些惯用语一般还具有浓郁的地方文化色彩，而成语则相对具有全民性。

二、惯用语的来源

1. 来源于制度、习俗的惯用语，例如：

带纱帽：原指封建社会做官时带乌纱帽，现指做官。

打官腔：原指旧时官场中讲门面话，现指利用规章、手续来推托、责备别人。

抬轿子：原指旧时官绅出门坐轿子要人抬，现指给别人吹捧、帮忙借以取得好处。

立军令状：旧指接受某项军事作战任务所立的保证书，现取其比喻义。

打退堂鼓：旧指官吏坐堂议事后，退堂击鼓，表示公事结束；现比喻中途退缩。

假传圣旨：指封建社会假借皇帝的旨意，欺上压下的作伪行为；现取其比喻义。

2. 来源于宗教、迷信的惯用语，例如：

烧断头香：原是旧日迷信，据说给佛爷烧香如果是断了头的(折断了的废香)，不仅得不到保佑，反而会遭到惩罚、报应；现多用来指结局不好。

敲木鱼：原是僧尼念经时敲打法器，现用来表示提醒、警示。

祖坟张开口：迷信说法认为，谁家祖坟上有青气，谁家家运就好，或出官，或发财；现借指好运气，好兆头。

鬼门关：原是迷信传说中进入阴间的入口，现指生死关口或险地。

阎王殿：原是地狱中的阎王坐堂理事之处，现用来指置人于死地的恐怖黑暗场所。

鬼画桃符：原指术士用来驱除鬼怪的符咒，现用来指令人不解的花招或拙劣的书法。

老(旧)皇历：原指旧的历书，现多指陈旧与过时。

3. 来源于历史事件的惯用语，例如：

破天荒：表示第一次出现或从未有过。《北梦琐言》记载：唐朝时候，荆州地方每年都送出许多举人去考进士，但是每次都没有人能考中，当时人们就把它叫做“天荒”。等到后来，荆州有人考中了，第一次给荆州人“露了脸”，人们就叫它为“破天荒”。

吃闭门羹：《云仙杂记》记载：皇城有个叫史凤的上等妓女，她把来客分成等级，有头脸的来客远接高迎，热情相陪，下等的来客只用闭门羹相待。后人就把“吃闭门羹”当做惯用语来使用，泛指客人被拒绝进门，不与相见，现在又常比喻碰了钉子。

借东风：借《三国演义》中的故事打比方，常指利用某种良好时机。

4. 来源于传说、故事的惯用语，例如：

上西天：指离开人世。“西天”是传说中如来佛居住的地方。

进鬼门关：传说“鬼门关”是下地府的关口。“进鬼门关”用来比喻历经灾难的殊死折磨。

打入十八层地狱：据传说阴间地府设有“十八层地狱”，用以处治犯有罪孽的死鬼。现指给予最严厉的惩罚，遭受最大的肉体或精神折磨。

灌迷魂汤：所谓迷魂汤，并不是一种中药名，传说中它是“取绝世药物，合成似酒非酒之汤，分为咸、酸、苦、辛、甘五味”，药性甚烈，灌饮后“使忘前生各事”。现比喻媚惑人的语言。

怀鬼胎：指隐藏不可告人的意图。

念紧箍咒：源于神话小说《西游记》，现用来比喻对人们的限制和约束。

露狐狸尾巴：古时传说狐狸能够变成人形来迷惑人，但是它的尾巴却不能变掉，成为妖怪原形的标志或辨认妖怪的实证。现用来比喻坏人的本来面目和迷惑、欺骗人的罪证。

5. 来源于地方风土人情的惯用语，例如：

耙耳朵：指怕老婆的男性。西南官话中，食物煮得特别烂的情态称之为“耙”。

棒棒话：非常粗野或没有水平的话，多指体力劳动者所说的大白话。西南为山区，“棒棒（结实的棍子）”在人们日常生活中的地位和作用非常重要。

摆龙门阵：在某处闲聊、说话、说事，是川渝地区的独有惯用说法。

三、建始方言中常见惯用语的例析

打凑[$tshəu^{45}$]和：鼓励或怂恿别人，以贬义居多。

开黄腔：说话非常不合常理，形容人不明事理、不懂人情世故或指说外行话。

慈气人：心地善良的人。

塞包儿：私底下给对方不合常理的好处和利益。

甩砣子：自以为很了不起，将自己应有的责任全盘丢给别人，让别人难堪。

炒现饭：比喻重复已经说过多次的话或做过的事，没有任何新的意义和价值。

人来疯：指小孩子在有客人在场时故意撒娇、胡闹，有时也指成人在越是人多的场合越来劲、越有表现欲。

半吊子：不成熟、不认真、不诚实的人。

二世人：经历过生死转折的重获新生的人。

干口硬：已经被人揭穿却死活不承认的人。

棒老二：流氓、土匪、痞子、犯罪分子的统称，有时也用作詈语。

抱鸡母：明面上指孵小鸡的母鸡，常用来形容身体发福或穿得厚重的外形，调侃的意味较浓。

闯啊你的么子：对受话人的遭遇表示不理解或不相信，一般用于熟人之间的对话。

背时儿子：对晚辈的一种昵骂，相当于“小坏蛋”。

女花子：对未成年的女性的一种称谓，随语境可褒可贬。

屁眼儿风：平时自由懒散、无所事事，突然心血来潮、偶尔兴致所至做一会儿，有时也指莫名地发脾气。

磨子压不出个屁：形容人非常木讷、老实、本分，不善于说话。

比到箍箍下儿：比喻办事机械、死板、不灵光，受制于某些规则或规定而不会变通。

扁担亲：通过联姻，围绕某家庭而形成的亲属关系，如连襟、妯娌等。

憋洋腔：有意或无意地模仿外地口音或外国语。

兵油子：指旧社会军队中长期待在部队、行迹恶劣、欺压百姓的兵士。

巴家门儿：指为了个人自己的私利而不惜损害他人或公共利益的人。

不巴家：不顾家，不会操持家业。

不日毛：比喻质量不好或人品不好。

不关风：因牙齿或嘴唇病变而导致说话发音不准，比喻说话不严谨、不准确，容易漏嘴。

不归屋：该回家的时候不回家，形容一个人性格较野，不受拘束。

岔巴子：多指嘴巴多、行为不检点的女性。

彩色普通话：夹杂着方言的不标准、不纯正的普通话。

月母子：坐月子的女性。有时比喻身体娇贵的、被人服侍的人。

麻屄壳：骂人话或者是调侃对方的话。

敞口话：只说明事情不点明具体人名或前因后果的话，有时也指旁敲侧击、含沙射影、让人不可捉摸的话语。

屙节节屎：比喻说话、做事本可以一气完成的却故意断断续续。

打屙屎主意：为了达到自己的目的，故意使用一些别人无法拒绝的理由。

日古子：泛指没有出息的人或没有任何意义的事、物，相当于“废物”。

朝天喊：没有意识的乱说瞎喊，也指为应付了事而装装样子。

油尽灯枯：耗尽心血。

扯天皮：故意闹大矛盾、吵大架。

狗扯皮：对吃猪肉的调侃说法。

扯拦山网：比喻说话不着边际、漫无目的地东扯西拉，不知所云。

扯起萝卜不认坑：比喻忘恩负义，没有感恩之心。

撑硬头船：比喻迎难而上，有时也指不讲技巧性地蛮干。

陈古八十年：很多年前的东西，极言陈年已久。

脸有城墙砖拐那么厚：极言脸皮很厚，不要脸到了极点。

发母猪疯：比喻一个人无缘无故突然做出一些不可思议的事情。

吃补饭：大病痊愈之后食量大增以补充体力和营养。

吃多哒油胀：常用来批评无所事事却又喜欢生事的人。

敞馆子：成天不在家吃饭，专门去餐馆吃饭，多含贬义。

条子要吃肉：指小孩子做错事被细竹条抽打屁股接受惩罚。

充人婆娘：对喜欢逞能的女性的贬称。

打边鼓：比喻从旁应和、旁敲侧击。

打皮绊：比喻男女通奸，有时也常用来辱骂对方。

打一亲家：通过儿女联姻的方式建立亲戚关系，有时也是游戏调侃之言。

打夜工：晚上加班加点，加夜班。

打不起阳气：没有精气神儿，指精神萎靡不振。

打肚皮官司：指表面和气，但内心互相不服、相互埋怨，却又不说出口，面和心不和。

打不死的程咬金：比喻屡遭劫难却又安然无恙的人，也指多次受到批评却死不悔改，依旧我行我素的人。

鸦片葫芦儿：身体瘦弱没有精神的人。

大名小氏：不懂礼貌，对长辈直呼其名的动作行为。

炖牛脑壳：比喻做完一件事花费很长的时间。

斗婆娘账：面对繁复的账目，没有别的方法，只能一笔一笔慢慢计算，表示笨人笨办法。

断尾巴狗：骂人的话，咒骂别人家断子绝孙。

二道贩子：指从事倒卖商品，谋取中间差价的人，也比喻利用或盗用别人的资源为自己谋取不正当利益的人。

发鸡爪疯：字面上指手指、手脚抽筋，实是詈语，比喻乱抓乱动，行为诡异难猜。

捧进不捧出：利益当前，只顾自己捞取利益，没有回报奉献精神。

赶脚猪：赶猪去交配，有时也是当地的骂人话。

高脚婆娘：比喻只会在家做家务事小事的男性，也比喻小家子气的男人。

叫花子席：本指过去大户人家有红白喜事时专门招待乞丐的流水席，后来专指谦虚的说法，不成敬意的便席。

隔山姊妹：没有血缘关系的，只有名义上的兄弟姐妹关系。

狗连裆：字面上指狗当众交配，实指纠缠在一起干坏事。

狗爪棚：用几根最简单的柱子搭起来的棚子，后比喻自己家又小又简陋的房子，有时也有对别人家房子的蔑视意味。

罐罐话：没有任何意义的招惹是非的空话。

鬼搞日精：瞎搞、搞阴谋诡计，形容胡乱钻营、乱搞一气。

汤火关：小孩子三岁以前的一个关口，迷信的人认为小孩子三岁以前如果疏于照顾，小孩子一般都会被开水烫伤或被火烧伤。

黑松林里钻出个李逵：比喻从天而降、意外出现某一人物。

狠子手儿：心狠之人，一般指做生意叫价很高的生意人。

玩猴把戏：比喻胡乱打闹、折腾或要计谋、要花招。

欢喜我喝凉水：公开表达自己幸灾乐祸的心情，相当于“看到你落难了，我真是太开心了，就如同六月天里喝上凉水一样开心快乐”。

黄皮皮：军装的别称。

黄土堆：坟墓的别称。

灰包老鼠儿：指满身灰尘的人，比喻精神不振意志消沉的人。

回不到南朝：指回不到过去居住的地方、地位或事物的本来原样。

火巴眼儿：字面上指眼疾、角膜炎，比喻人与人之间有隔阂、有矛盾。

鸡母眼儿：字面上指母鸡在光线弱的时候看不清事物，比喻人在光线不好的情况下也弱视。

前娘后老子：指家庭成员关系太复杂，后比喻家庭关系不和谐、不和睦。

讲不出个日月：自身能力水平有限，说话概念不清，表达模糊。

叫鸡公：生命力旺盛的成年公鸡，常比喻最厉害、不好对付的人，也比喻刚出生的男婴或小男孩儿。

叫到半天云里去：叫喊声传到天上去了，形容巨大的声响叫得惊天动地。

嚼麻屄：骂人话，指对方胡说八道。

金包卵：詈语，比喻本身并不怎么样却被看得十分贵重的东西。

开生荒：开垦处女地，比喻事情从零开始，难度较大。

敲木鱼脑壳：一是比喻敲打时害怕用力把对方敲碎的样子，二是比喻用小棒或弯曲突出的指节敲打对方的头部。

啃老包谷砣砣：比喻任务难度大，工作起来非常吃力。

啃老本儿：没有新的业绩产生，只能沉溺于过去的资本或业绩当中沾沾自喜。

猪脑壳：比喻头脑简单、四肢发达的人，也比喻没有过多知识文化的人。

三不三时儿：偶尔为之，频率不高。

奈不何：一是身体不舒服的统称，二比喻自身能力有限，对工作、任务及其他事物不能对付、没法消受、不能胜任。

烂女人：骂人话，一般针对女性，相当于“你这个不要脸的淫荡的女人”。

烂屎无用：形容人和事物没有任何能力或使用价值。

坐长板凳儿：比喻一旦坐下来就轻易起身、到处聊闲天的情况。

老古式：比喻旧有的、跟不上时代新潮流的人和事物，也泛指一些陈规旧习。

秋葫芦：父母年纪较大时生养的孩子。

老牛吃嫩草：老年男性娶年轻少女或不正当的男女关系。

吃干饭：比喻只知道吃饭不会做事的情况。

上不得条盘：比喻条件一般，不能胜任比较大型的工作任务。

牛肠马肚：表面指人的食肠宽大、食量巨大，比喻一个人只会吃不会做。

露水夫妻：生活时间很短的夫妻。

赶骡客：字面上是指贩卖骡马的人或牵着骡马四处配种的生意人，比喻衣着宽大、不修边幅、四处飘荡、居无定所的生意人。

麻猫子：字面上指颜色为灰麻或黄麻的猫，比喻坏人，常用来吓唬小孩子。

麻脑壳：面值较大的人民币。

马屎果果外面光：比喻空有漂亮好看的外面，而内里却肮脏不堪。

猫爪刺：比喻让人心烦意乱的心绪或杂事。

磨个儿糙痒：比喻浑身不自在、心绪不宁、坐立不安的样子。

不得下场：意为没什么了不起的，何必那么在乎。

没搞到利：比喻没有得到利益、效果或没有想到解决问题的办法。

门内师：家里人或门派内的人当师傅。

闷葫芦儿：比喻不善于讲话发言的人，也指背地里的小动作。

碍口是非：形容想说却又欲言又止的样子。

潽拉二十四：比喻数量多而繁杂，只好笼统大包大揽。

飘而浪荡：比喻不务正业、在外四处游荡的情况。

七娘八老子：比喻各种人员不同的东西混杂在一起，显得极其杂乱。

勤爬苦做：形容辛勤劳作、任劳任怨。

缺耙齿：比喻残缺了牙齿的人。

松大劲：比喻身体患病后恢复得差不多了，身体状况良好。

搞残哒：指非常后悔，悔不当初。

说半截话：表面指话只说一半，另一半让人去体会、猜测，比喻说一些含有即将离世征兆的话语。

羞癞屎壳壳：相当于“也不怕害臊”，对方说话不讲理，替对方难为情。

拖脚步起：腿脚发软、走路吃力，比喻身体极其虚弱。

坐落猪：字面指关在圈里的肥猪，比喻只顾吃喝而不做事的人。

四、歌[kho^{45}]乐句

歌乐句是指句式比较整齐划一，一般有韵脚，含义浅显明了，用来阐明事理、玩笑生活的打油诗类的句子，如“擶脚动手，不是好狗”。歌乐句的形式与谚语有相似之处，但内容却大不相同，谚语是历代老百姓的生产生活经验的总结，内容涉及各个不同的方面，人们往往把谚语当作至理名言，具有不可辩驳的真理性，具有较强的权威性、操作性、指导性，人们使用谚语的目的是让话语更具说服力。而歌乐句，是人们随口信手编排的诗句，使用歌乐句的目的是让话语更生动、活泼，更具直观性。下边收录了部分建始当地的歌乐句，可以从中窥见当地歌乐句的部分风采。

听进脚步响，必定是官长。打开门一看，是头刮刮匠。(刮刮匠，指剃头师傅。过去对行走于大街小巷的剃头师傅的编排。)

嘴马两块皮，说话无规矩。(信口开河，前言不搭后语。)

××不是个医生，挎个医包包儿，怪卵不像个人形。(调侃、嬉笑成年男性的句子。)

一螺穷，二螺富，三螺四螺打草鞋，五螺六螺挑屎卖，七螺八螺把官做，九螺十螺点状元。(螺，指的是纹为螺旋形的图案。这是对不同螺旋形指纹数量与命运关系的一种编排，并没有科学根据。)

眼睛不整不得瞎，牙齿不挑不得松。耳朵不掏不得聋，脚不整不得□[pai^{45}]。(劝诫不要没事去瞎折腾。)

是人屋里的猴娃儿，不像我屋里的娃娃儿。（对自己家与别人家小孩子的一种调笑式的对比。）

人是三节草，不知哪节好。（对人生命运的一种编排，得意时不要骄狂，失意时不要懊恼。）

天上晓得一半，地下全知。（对夸夸其谈的人的一种编派。）

吃饭打湿口，洗脸打湿手。（对故意装腔作势的人的一种编派。）

上坡像鸭子，做事像猴子，放工像飙箭。（讽刺时时都想着法子逃避劳动的投机行为。）

男娃儿的头，女娃儿的腰，只能看不能摸。（当地的禁忌习俗。）

人穷怪屋基，屎臭怪屁眼儿。（讽刺只会从客观上找毛病、找借口而不从主观找原因的现象。）

麻屄没长角，啥门那门恶。（对恶毒女性的一种咒骂。）

吃饭打冲锋，做事磨洋工。（在利益面前争先恐后，遇上吃苦的事则逃避推诿。）

狗眼看人低，人穷狗也欺。（对势利之人的咒骂。）

官店口一年三个月的红苕，九个月的苞谷子，剩下的时候儿吃大米。（过去对官店老高山地区民众口粮的描绘。）

第八章　建始方言中“消失”的词语

随着社会时代的发展与进步，建始方言也在逐渐发生着变化。特别是普通话的大力推广，许多土生土长的建始词汇正慢慢萎缩，建始当地人民在日常生活中自觉或不自觉地对某些事物、物品、性状的表述与普通话相靠近，自然而然，建始方言中的某些词语也就结束了自己的历史使命，消失在日常交际当中。这些方言词汇之所以被淘汰被替换，大致可归为三种原因：第一，随着社会时代的发展变化，一些旧时代的、旧有的当地事物，现在已经在人们的日常生活中缺席，由于事物的缺席，其语言符号代码也相应缺失，故而这类本地方言词语就消失了；第二，在社会发展过程中，方言中一些物品、人物关系的称谓也逐渐被一些更科学的、更容易理解的、适用范围更广的词语所代替；第三，随着教育文化事业水平的不断提高与新时期网络环境的普及，新一代的建始本地人在发音与词汇使用上，更多地与其他地区相融合，特别是与普通话融合的力度最大，也导致许多当地方言词汇失去用武之地。

由于以上种种原因，建始方言中“消失”的词语大部分为名词，也有少量表示动作行为的动词、形容词、数量词等。

方言中陆续“消失”一些旧词是很正常的情况，同样，新旧更替，接受、创造、引入一些新词也是非常顺理成章的事情。随着经济、文化、教育事业的逐步推进，近二十多年来，建始这个山区小城已完全接纳了以前所不曾拥有的事物和新兴的事物名称，如“打的”“滴滴”“电商”“快递”“网购”等，不胜枚举。建始的方言情况仍是那么丰富，对于已经逝去、消失的词汇也不必太过于遗憾，物竞天择也是自然社会发展的趋势。但是把方言中曾经与当地老百姓息息相关的那些事物、那些语言文化符号代码记录下来，却是非常必要的，梳理方言词汇发展脉络也是必不可少的。以下通过几例来具体阐述一下建始当地方言发展变化的情况。

1. 线子衣服[ɕin³⁵tsɿ⁵³øi⁴⁵fu⁴⁵]

用棉纺线编织而成的上衣，20 世纪 90 年代以前，生活水平普遍不高，冬季防寒保暖的中衣主要有“毛线衣”和“线子衣服”，“毛线衣”价格较高，一般家庭很少拥有，而“线子衣服”相对价格低廉，原材料也较容易得到，很多家庭都是把平时积攒起来的白色棉线手套拆解开来，然后请人或自己编织而成，能拥有一件这样的“线子衣服”也是家道殷实、生活不错的一个标志。这种编织而成的“线子衣服”保暖效果一般，在严寒天气里，有的还在“线子衣服”外边再穿一件无袖的“线子衣服背心”，有时可简称为“背心儿”。至于是不是真正的毛线编织而成的，是否有长袖，当地老百姓一般不会去认真关注。但到了 20 世纪 90 年代以后，当地经济水平日益提高，各种类型、各种原材料的真正的毛衣日渐丰富，伴随了建始老百姓几十年的“线子衣服”终于寿终正寝，彻底告别了历史舞台，“线子衣服”这个文化代码也不再使用。

2. 堂屋·房屋[than¹¹øu¹¹]·[fan¹¹øu¹¹]

“堂屋”与“房屋”在建始方言中过去是两种不同类型、不同功能的房屋，这两者是并列关系，从属于一家一户的“房屋”。

“堂屋”指处于中间前部、开大门的房间，一般面积较大，主要用于会客、吃饭或其他用途，功能较为多样。“房屋”不同于普通话的“房屋”，指的是“堂屋”左右或后边的正房，主要用作卧室，可见建始方言中的“房屋”只是整体建筑中的局部或一部分。堂屋两旁边或后边的房屋也通常被一张架子床隔为前后两部分，床后可以放一些家庭杂物，其进出之门都在分隔堂房的墙壁之上，节约了土地面积，经济适用。随着建始县人口的逐步增多，土地面积日益紧张，再加上近二十多年来房地产市场的火爆，城镇老百姓自建私房的情况已慢慢减少，更多的人选择了小区花园类型的单元商品房。“堂屋”被“客厅”“饭厅”所取代，“房屋”被“卧室”所代，这两个词语的消失也成为当代经济发展和建始老百姓生活习俗改变的印记。

3. 板板车[$pan^{53}pan^{53}tʂhe^{45}$]

“板板车”，有双辕，两个轮子的木板车，轮子为直径60厘米左右的橡胶轮。一般为人工拉动，一人在前拉，一人在后帮忙推行。若用牲口畜力的话，多为驴子或骡子拉动。

“板板车”在20世纪90年代以前非常多见，当时市场经济不是很活跃，家有重物要拖运，一般都会租借“板板车”亲自上阵拖运，主要用来运粮、拉货、运土石、搬家、家电送货上门，后来还专门形成一定的“板板车”市场，一些农民农闲时把家里的板板车拉到县城里，聚集在一起，有搬运拉拖需要的雇主直接与之交谈并达成交易，一段时期内近乎职业化。这也从侧面反映出当时建始经济的落后与板板车市场的强大。到了20世纪90年代中后期，随着市场经济的繁荣，人们生活习俗的改变及各企业、商铺服务意识的增强以及私家车、运输车的普及，板板车就逐渐淡出人们的视线，“板板车”这个词语也一同完成了历史使命，成为曾经建始社会生活的一个回忆。

4. 陪家家[$phei^{11}ka^{45}ka^{45}$]

“陪家家”又称之为“打喜”，是建始城区及周边乡镇的一种生育庆典。一般为小孩子出生将近满月之时，由小孩子的外婆邀请当年女儿办订亲礼时接受了回礼的亲友择吉日来男方家祝贺。“陪家家”或“打喜”之日一般不选在满月当天及满月之后，吉日当天，外婆为大，外婆家一般都会视距离远近选择下午出发，外婆没到亲家家中，亲家不得开席宴请宾客，只有外婆到了，才能开饭坐席。外婆如果还有农村的亲友的话，这些农村亲友一般都挑上一担礼物，所以“陪家家”“打喜”又称为“送挑子”，挑担里的礼物必须有自家酿制的醪糟、鸡蛋、小孩子的衣物、公鸡等，最贵重的礼物则是挑上一只腊猪蹄，一行人行走在大街上很是风光。但自从21世纪以来，随着社会风气的变化，独生子女一代进入生儿育女的年龄，好多女性生育孩子直接在娘家休养“坐月子”，人们对这种传统习俗有意无意地淡化，再加上青年人不再计较虚面，“陪家家”的习俗在县城里也日渐少见，更多的与“满月酒”合二为一，那种挑着各式礼物游走于乡间、街道的情况也不复再来。“陪家家”“打喜”“送挑子”也为现在年轻人所陌生。

5. 杀猪饭[ʂa^{11}tʂu^{45}fan^{35}]

20 世纪 90 年代中期以前，建始县城镇化速度不快，市场经济氛围也不太浓厚，少数城镇居民还有场所和条件伺养家庭年猪。年猪不出意外一般都要喂养一年，冬至天气极冷，新鲜猪肉不易变质腐烂，很适合加工腌制成腊肉和各种年货肉食，因此年猪的宰杀一般都安排在冬至以后。杀年猪时在街道上垒上临时灶台，架上大锅，邻居们都帮忙把猪从猪圈里拖出来，专业的杀猪佬手法娴熟，一刀见血，邻居们拿着脸盆接上冒着热气的猪血，回去加工成各种过年食品。余下的事情就由杀猪佬及其徒弟将猪剖开，分解成 14 大块，包括一个猪头、四个猪蹄、一个猪项圈、两个坐墩儿(圆尾)、六块带肋骨的肉及各种内脏。所有工序完毕之后，主人家要用现杀的猪肉准备一桌酒菜，请杀猪佬及亲朋好友一起吃饭，共庆丰收。末了，杀猪佬临走时并不付工钱，只需送上猪大肠作为回报即可。这一习俗统共称为“杀猪饭”，现场极其热闹，过年的气息相当浓厚。后来随着城镇化加深，县城居民的饮食卫生习惯改变及相关政策的出台实施，县城居民所有的肉食供应均由有资质的屠宰场供应，“杀年猪”这一习俗已在县城不见踪影，“杀猪饭”这个词语也就黯然退出历史舞台。

6. 画册子[xua^{35}tshe^{35}tsɿ^{11}]

“画册子”就是指普通话里边的“连环画”，在当地又称为“小人儿书”，是一种古老的汉族传统艺术，以连续的图画叙述故事、刻画人物，这一形式题材广泛，内容多样，是老少皆宜的一种通俗读物。

20 世纪 80 年代中期以前，是连环画繁荣的历史时期，人们的娱乐生活相对简单，连环画寓教于乐的方式成为许多少年儿童乃至成年人重要的读物。连环画的艺术表现形式多样，题材具有中国汉族传统文化和一定的历史时期特色，使其与其他国家的漫画作品有着很大的区别，具有自己独特的艺术表现力。20世纪80年代中期以后，影视媒体的飞速发展丰富了民众的娱乐生活，外国漫画、动画、各种游戏机更容易受到青少年的欢迎，小人书已经不是不可缺少的娱乐方式，连环画市场不断被影视媒体所抢占，鼎盛时期结束，小开本的连环画已不再出版，仅有一些著名版本的作品重新出版，满足人们收藏的需要。多数连环画名家回归本行，年轻的美术人才不再看重这种艺术形式，连环画的创作和销售市场出现难以回升的低谷。同时文化文艺市场也逐渐萎缩，新华书店纷纷倒闭，一些书店也热衷于贩卖各种教辅资料，至今，建始一些书店鲜有连环画出售，“画册子”这个使用了多年的名词也正式消失在建始老百姓的日常生活之中。

7. 抓子[tʂua^{45}tsɿ^{53}]

又称之为“捡子”，是一种抓石子或小沙布袋的少年儿童游戏，主要集中在小学及初二学生阶段。将直径约为1厘米大小的石子磨去棱角，做成抓子的材料，一般由5粒组成，比赛时，先抛起一粒石子，手去抓桌面上的石子，然后要迅速接住下落的石子，如此反复，重重加大难度，并取有“过桥”“钻洞”“过河”等专用关卡。因石子有伤人危险，后来又出现了用小沙布袋子代替石子的玩法，游戏规则不变，材料换成用布和细沙或大米缝制成五个大约9平方厘米大小的小沙包。这两种游戏在20世纪90年代以前深受学生们喜欢，课间经常三五个同学约在一起互相比赛玩“抓子”，没有人身伤害、没有追逐打闹，更重要的是不影响学习。后来游戏机、变形金刚、卡通漫画、芭比娃娃等渐渐风行校园，再加上现在学生的课业负担十分沉重，学生们已没有了“玩”的天性，“抓子”这种纯朴的游戏显得老土而又笨拙，不再成为学生们玩耍的主要项目，以至现在新一代中小学生已不知什么是“抓子”，这个词语走向消亡也是时代发展的必然结果。

8. 蚌壳儿油[pan^35^khuɚ^11^øiəu^11^]

“蚌壳儿油”是20世纪90年代以前中老年人的一种大众化护肤、护手用品，油膏盛装在小蚌壳儿内，故名为“蚌壳儿油”。作为容器的蚌壳儿盒子，两片相连，可开可关，表面光滑，手感极佳。装在里边的“油”也并非液体，而是膏状固体，有香气，抹在脸上、手上起到润滑、防裂的效果，而且价格便宜、经济实惠，真正地做到了物美价廉，旧时是建始普通老百姓家冬春之季必备之物。而如今，各种类型的护肤品层出不穷，人们已不再仅仅是满足于润滑、防裂的目的，年轻、漂亮是护肤品的首选目的，而看起来很不起眼又花费较少的“蚌壳儿油”就已经被淘汰了，这也是时代进步的表现和老百姓自然选择的结果。

9. 刮刮匠、木匠、泥瓦匠[kua^11^kua^11^tɕiaŋ^0^][mu^35^tɕiaŋ^0^][li^11^øua^53^tɕiaŋ^0^]

建始方言中有许多词语之所以消失，并不是因为事物本身消亡，而是事物本身还存在，但其名称的内涵与外延都已发生变化，从而导致事物旧有名称消失，新的名称代替旧有名称。

“刮刮匠”，20世纪改革开放以前，当地人对理发师的一种奚落称谓，当时人们的高低尊卑观念还比较强，认为给人理发、剃头是比较低贱的职业，从内心看不起这个行业，故“刮刮匠”这个称谓充满了对这行职业人员的蔑视与对自我身份的重视。而那时的“刮刮匠”由于受师徒严格行规约束，业务范围也仅限于修剪头发及剃须。改革开放以后，新鲜事物逐渐增多，传统的街边小摊理发的营生被随之而来的“发屋”“发廊”“美容美发”“会所”所代替，理发师的从业者由年老的男性“刮刮匠”变成时尚洋气的帅哥美女，从事的是相同的职业，但是职业人员名称由“刮刮匠”变身为“美容美发师”“发型师”“美容顾问”等，体现了人与人之间的平等，那种奚落、嘲讽的意味随着“刮刮匠”的消失也一同消亡。

“木匠”与“泥瓦匠”的情形与“刮刮匠”又有所不同，直到20世纪90年代“木匠”“泥瓦匠”的使用频率都还比较平稳，而且也没有降低价值的意思，越来越多的人从事“木匠”“泥瓦匠”这一职业。但是它们的意义范围会比以前更广泛，由以前专一的狭窄的职业定义走向更为广阔的综合化程度。现如今“木匠”“泥瓦匠”从事的技能远比早先以前的雕花、家具打造、砌墙粉刷要广得多，已经渗透到地产业和装修行业领域。作为“木匠”和“泥瓦匠”，他们应当具有更为广泛的综合性知识技能，由“匠人”转为“工人”，“木工”和“瓦工”取代了先前的称谓，这也是时代发展的总体趋势。

10. 劁猪佬儿、杀猪佬儿、补锅佬儿[tɕhiau^{45}tʂu^{45}lɚ^{0}][ʂa^{11}tʂu^{45}lɚ^{0}][pu^{53}ko^{45}lɚ^{0}]

这几个称谓所代表的职业都具有历史性和时代局限性。它们的存在有一定的存在环境，与经济发展水平、社会实际需要、人们的生活习俗习惯等都紧密相关。“劁猪”“杀猪”“补锅”这种生产行为和生活方式，与当地老百姓长期的生活习俗是不可割裂的，并形成一种习以为常的定势思维：公猪长到一定时期，就要找人来劁；过年要杀年猪就得找专人来宰杀；炊具漏水就得找专人修理。进入20世纪90年代中期以后，交通日益发达，工业、商业、农业都有了较高水平的发展，传统的个体小作坊式的运营及传统手工业行当受到前所未有的冲击，它们在现代工业发展的威力面前，失去了生存的空间，“劁猪佬儿”和“杀猪佬儿”的职能分别被兽医站和屠宰场取代，“补锅佬儿”则直接被淘汰，与之相关的词语形式在人们之间的口语交际当中生疏起来，以至到今天很多青年人已经很难亲切地感受到它们的存在了。

11. 米达尺、吸铁石、水笔/靛笔、关饷、原子笔[mi^{53}ta^{11}tʂhʅ^{11}][ɕi^{11}thie^{53}ʂʅ^{11}][ʂuei^{53}pi^{53}]/[tin^{35}pi^{53}][kuan^{45}ʂan^{53}][øyn^{11}tsɿ^{0}pi^{53}]

建始方言中还有一些词语之所以消失，并不是因为事物本身消亡而引起事物称谓的消亡，而是其物质本身仍存在且大行其道，只是时代的发展选择了新词来代替，在某一时期内在一定小范围内有人明白其意义，但却没有任何使用价值了。

“米达尺”，即以公制“米”为单位的尺子，有时特指学生用的文具直尺，现分化为更加细致的具体称谓，如“钢卷尺”“皮尺”“直尺”等，“米达尺”已不再出现在交际需要当中。

“吸铁石”，学名即为“磁铁”，吸铁石是建始当地民间的俗称，现今普通话的大力推行，学名已经广泛普及，俗称“吸铁石”便很少使用了。

“水笔/靛笔”，都是指钢笔，因旧时钢笔要灌墨水，于是将其称为“水笔”。又因过去钢笔墨水颜色为靛蓝色，故而又称其为“靛笔”或“靛水笔”。但是随着生活节奏的加快和人们书写习惯的改变，中性笔使用量已远超钢笔，钢笔在人们日常生活的重要作用不再明显，故而“水笔”“靛笔”的称谓就不复存在，而“钢笔”在少部分书法人士和成功人士间还有所保留。

“关饷”，即发工资或给某人奖励。据专家考证，“关饷”原为满族词汇，20 世纪 80 年代以前，一直在当地使用，老一辈人过世后，“关饷”便不再有旺盛的生命力，在日常生活中偶尔碰到，后来工资经由银行代发，“关饷”便彻底完成了历史使命。

“原子笔”，即圆珠笔，是新中国成立后圆珠笔在中国大量使用的称法，后来慢慢规范“原子笔”与“圆珠笔”并行使用，21 世纪以来“原子笔”就没再出现了。

参考文献

罗常培：《语言与文化》，语文出版社 1989 年版。

李如龙：《汉语方言特征词研究》，厦门大学出版社 2002 年版。

刘俐李：《现代汉语方言核心词特征词集》，凤凰出版社 2007 年版。

王作新：《语言民俗》，湖北省教育出版社 2001 年版。

王作新：《三峡峡口方言词汇与民俗》，社会科学文献出版社 2009 年版。

孙和平：《四川方言文化·民间符号与地方性知识》，四川出版社集团巴蜀书社 2007 年版。

鄂西土家族苗族自治州民族事务委员会：《鄂西谚语集》，四川民族出版社 1991 年版。

邓英树、张一舟：《四川方言词汇研究》，中国社会科学出版社 2009 年版。

李崇兴：《宜都方言研究》，华中师范大学出版社 2014 年版。

冯正佩：《西南方言·湖北咸丰方言》，湖北人民出版社 2010 年版。

黄涛：《语言民俗与中国文化》，人民出版社 2010 年版。

周振鹤、游汝杰：《方言与中国文化》，上海人民出版社 2016 年版。

刘世新：《三峡民间歌谣精鉴》，陕西旅游出版社 1992 年版。

荣斌、荣新：《济南方言》，济南出版社 2012 年版。

向柏松：《土家族民间信仰与文化》，民族出版社 2001 年版。

徐开芳：《恩施土家族苗族自治州民间歌谣集》，湖北人民出版社 2006 年版。

江佳慧：《方言语汇与民俗——以景阳镇为例》，华中师范大学出版社 2015 年版。

田发刚：《鄂西土家族传统情歌》，中央民族大学出版社 2008 年版。

中国社会科学院语言研究所方言研究室资料室：《汉语方言词语调查条目表》，《方言》，2003(1)。

附：

湖北建始(城关)方言词汇重叠式

摘　要：建始县城关地区是全县的中心城镇，约有12万人每天使用着城关地区方言进行日常交际，建始城关方言属于西南官话，但在语音、词汇、语法上都有独到的特点。

关键词：建始方言；重叠式

建始县位于湖北省西南山区北部，隶属恩施土家族苗族自治州。城关地区位于建始县西北部，是全县政治、经济、文化中心。建始(城关)方言属于西南官话成渝片区，但在语音、词汇、语法上都有自己的特色，为行文简洁全文以建始代替建始(城关)，本文简要概述其声韵调及词汇的重叠式。

一、建始方言声母韵母声调

(一)声母除零声母外共21个：p、p'、m、f、t、t'、l、k、k'、x、ŋ、ʨ、tɕ'、ɕ、tʂ、tʂ'、ʂ、ʐ、ts、ts'、s；与普通话相比少了n，凡是普通话中n的声母都是边音l，即“鸟”“了”同音[liɑʊ^{53}]。tʂ、tʂ'、ʂ和ts、ts'、s两套声母能分清，但也有相混的情况，如“孙师长”读作“sən^{55} sɿ^{55} tʂan^{53}”等。

(二)韵母共33个：A、uo、æ、ɚ、i、u、y、ɿ、ʅ、iA、yo、ie、uA、ue、ye、aɪ、eɪ、ɑʊ、əʊ、iɑʊ、iəʊ、uaɪ、ueɪ、an、ən、in、uan、uən、yn、ʊŋ、iɑŋ、yen、yŋ；与普通话相比，没有iŋ、əŋ、ɑŋ；没有iæn，全部归为in，如“电影”读作“tin^{35}in^{53}”“上山”读作“ʂan^{35}ʂan^{55}”“长征”读作“tʂ'an^{11}tʂən^{55}”等。

(三)声调共 4 大类，不包括轻声：阴平(55)，有时略升，如“飞机”；阳平(^{11})，如“麻绳”；上声(^{53})，如“鬼扯”；去声(35)，起点略带降势，如“下面”。

二、建始方言词汇重叠式类型

(一)名词的重叠，主要形式为“AA”、“AA 儿”、“AABB”。

1.“AA”式。在普通话中，除亲属称谓外，用重叠式构成的名词很少，而建始方言词汇中有大量 AA 式名词的重叠。

箍箍 k'u^{55} k'u^{55}　　脚脚 tɕyo^{11}tɕyo^{55}　　口口 k'əʊ^{53}k'əʊ^{53}
哶哶 mie^{55}mie^{55}(母乳)　　旨旨 man^{55} man^{55}(儿语，饭)
粑粑 pA^{55}pA^{55}　　尕尕 kA^{55} kA^{55}(儿语，肉)

上述 AA 式名词用于当地生活的各个领域，又以食物为多，词根重叠是构成此类名词的一种重要手段。

2.“AA 儿”式。儿化与化尾的大量存在是西南官话成渝片区的重要特点，“AA 儿”不是“AA”的简单儿化或儿尾，如“粑粑”不能说成“粑粑儿”，具体情况分为以下两种情况：

A：坛坛 t'an^{11}t'an^{11}——坛坛儿 t'an^{11}t'ɚ^{11}
洞洞 tʊŋ^{35} tʊŋ 35——洞洞儿 tʊŋ^{35} tʊɚ^{11}
棍棍 kʊŋ^{35} kʊŋ^{35}——棍棍儿 kʊŋ^{35} kʊɚ^{11}
铲铲 tʂ'an^{53} tʂ'an^{53}——铲铲儿 tʂ'an^{53} tʂ'ɚ^{11}
纠纠 tɕiəʊ^{55} tɕiəʊ^{55}——纠纠儿 tɕiəʊ^{55} tɕɚ^{55}

B：桌 tʂuo^{55}——桌桌儿 tʂuo^{55} tʂuɚ^{11}
铺 p'u^{35}——铺铺儿 p'u^{35} p'ɚ^{11}
凳 tən^{35}——凳凳儿 tən^{35} t'ɚ^{11}
钉 tin^{55}——钉钉儿 tin^{55} tɚ^{55}
摊 t'an^{55}——摊摊儿 t'an^{55} tɚ^{55}

两相比较，A 组中“AA”和“AA 儿”两可，“AA 儿”有小称的色彩，而“AA”则无此色彩。B 组仅有“AA 儿”式，也有小称的色彩，单独的“AA”式不能成立，由此可知建始方言名词的小称色彩是由重叠加儿化两种形式共同作用所赋予的。

3.“AABB”式。建始方言中还有由两个名词重叠并列而成的四音节名词，如：

垰垰角角 tɕ'iA^{55} tɕ'iA^{55}kuo^{53} kuo^{53}
皮皮森森 p'i^{11} p'i^{11} sən^{55} sən^{55}
巾巾吊吊 ʨin^{55} ʨin^{55}tiɑʊ^{35} tiɑʊ^{35}
汤汤水水 t'an^{55} t'an^{55}ʂueɪ^{53}ʂueɪ^{53}
边边沿沿 pin^{55} pin^{55}ɕin^{11} ɕin^{11}
坛坛罐罐 t'an^{11} t'an^{11}kuan^{35} kuan^{35}
砣砣□□t'uo^{11} t'uo^{11} tiɑŋ^{55} tiɑŋ^{55}
草草筋筋 ts'ɑʊ^{53} ts'ɑʊ^{53} ʨin^{55}ʨin^{55}

此种重叠式名词是约定俗成的，不是任何两个双音节重叠式名词都可以组合为“AABB”式。这类重叠式名词通常具有泛指一类事物的附加意义，情感色彩上则属于中性或贬义，如“砣砣□□”泛指废弃的打包物，情感上有厌恶色彩，“巾巾吊吊”泛指女性首饰，交际使用时也含贬义。

(二)量词的重叠式，主要类型为“AA”“一 AA/儿”。

1.“AA”式。量词的“AA”式表示遍指，这种形式没有构成新词，只是给“A”增添了“遍指”义，表示“每一”，与普通话一致。

个个 kuo^{35}kuo^{35}
节节 ʨie^{11}ʨie^{11}
片片 p'in^{35}p'in^{35}
层层 tʂ'ən^{11} tʂ'ən^{11}
块块 k'uaɪ^{53} k'uaɪ^{53}
条条 t'iɑʊ^{11} t'iɑʊ^{11}

量词是计数单位，但部分量词具有形状特征，使量词具有形象色彩义，重叠后语义指向具有该量词空间特征的事物，具有较高的抽象性，如“节节”“片片”“块块”“条条”泛指所有、每一节状物、片状物、块状物、条状物，在句法功能上往往充当补语，如“他把衣服撤成条条”。

2.“一 AA/儿”式。这种形式一般由“一 A”式重叠而来，儿化与否有三种情况，所有“一 AA 儿”式大多可以转写为“一 A 一 A”。

A：一纂 —— 一纂纂 i^{11}tsuan^{53} tsuan

B：一包 —— 一包包 i^{11}pɑʊ^{55} pɑʊ^{55}—— 一包包儿 i^{11}pɑʊ^{55} pɚ

一棒 —— 一棒棒 i^{11}pan^{35}pan^{35}—— 一棒棒儿 i^{11}pan^{35}pɚ

C：一把 —— 一把把儿 i^{11}pA^{53} pɚ

一盆 —— 一盆盆儿 i^{11} p'ən^{11} pɚ

一杯 —— 一杯杯儿 i^{11}peɪ^{55} pɚ

一抽 —— 一抽抽儿 i^{11} tʂ'əʊ^{55} tʂ'ɚ

一哈 —— 一哈哈儿 i^{11}x A^{55}xɚ

一撮 —— 一撮撮儿 i^{11} tsuo^{11} tsuɚ

通过分析，“一 AA/儿”式中，第一个 A 读本调，第二个 A 儿化后读轻声。A 组不能儿化，“一 AA”式所包含的量大于“一 A”式；B 组“一 A”重叠后可不儿化也可儿化，不儿化表大量，儿化表小量；C 组“一 A”重叠后必须儿化，极言小量，多含不满之义，在量的指称上 A>B>C。

(三)动词的重叠式，主要类型是“AABB”，其他形式与普通话相似。

摸摸掐掐 muo^{55}muo k'A^{35} k'A^{35}

呿呿拱拱 tɕ'y^{55} tɕ'y kʊŋ^{11} kʊŋ^{11}

摸摸嘘嘘 muo^{55}muo ɕy^{55}ɕy^{55}

裹裹捏捏 kuo^{53}kuo lie^{11}lie^{11}

指指掇掇 tʂʅ^{53} tʂʅ tuo^{11} tuo^{11}

拉拉扯扯 $lA^{55}lA\ tʂ'æ^{53}tʂ'æ^{53}$
哼哼唧唧 $xən^{55}\ xən\ tɕi^{55}tɕi^{55}$
敲敲打打 $k'ɑʊ^{55}\ k'ɑʊ\ tA^{53}\ tA^{53}$

语音上，第二个“A”读轻声，其余三个音节都读原调。此类型的重叠式从动词风格来说都是日常口语，与重叠之前相比，动作持续的时间短、动量小，除此之外，在情感色彩方面也带有贬义，表示对动作行为的不满，如“呿呿拱拱”表示非正常的小声发泄，“裹裹捏捏”表示非正常男女关系。普通话中从动词表示的感情色彩来看，表示积极意义的动词一般都能重叠，动作行为是人们所希望发生的，故而重叠后以强调或强化某种事物，如“研究研究”“展示展示”，建始方言动词重叠式也大体遵循这一规律，所以“AABB”式数量就较少。

(四)形容词的重叠式，主要类型有“AA 儿”“ABB”“BAA”“AABB”“ABAB”式，嵌缀式。

1. “AA 儿”式。这种重叠式由部分“AA”式儿化而来，建始方言形容词的“AA”式与普通话无异，儿化后更突显“A”所具有的性状，主要在句中充当状语。

慢慢儿 $man^{35}manɚ^{55}$
悄悄儿 $tɕ'iɑʊ^{55}tɕ'iɑʊɚ$
咔咔儿很细 $k'A^{53}k'ɚ$
轻轻儿 $tɕ'in^{55}tɕ'inɚ$

此类重叠式中，当“A”是去声时，第一个音节读本调，第二个音节改读阴平并儿化，其他情况则第一个音节读本调，第二个音节读轻声并儿化，此类重叠式在当地方言词汇中数量不多。

2. “ABB”式。普通话里“ABB”式形容词数量较多，但建始方言这类重叠式却更丰富，不仅数量多并且有许多普通话里没有的后缀。

木楚楚 $mu^{35}tʂ'u^{53}tʂ'u^{53}$

嘴呛呛 tsueɪ^{53} tɕ'iɑŋ^{35}tɕ'iɑŋ^{35}
霉胴胴 mei^{11} tʊŋ^{11} tʊŋ^{11}
风浩浩 fʊŋ^{55} xɑʊ^{53} xɑʊ^{53}
水垮垮ʂueɪ^{53} k'uA^{53}k'uA^{53}
活甩甩 xuo^{11}ʂuaɪ^{53}ʂuaɪ^{53}
皮踹踹 p'i^{11} tʂ'uaɪ^{53} tʂ'uaɪ^{53}
恶色色 ŋuo^{35} sæ^{11} sæ^{11}
红扯扯 xʊŋ^{11} tʂ'æ^{53} tʂ'æ^{53}
面淡淡 min^{35} tan^{11} tan^{11}
肥拱拱 fei^{11} kʊŋ^{11} kʊŋ^{11}
瘦呛呛 səʊ^{35} tɕ'iɑŋ^{55}tɕ'iɑŋ^{55}
神戳戳ʂən^{11} tʂ'uo^{11} tʂ'uo^{11}
嫩悠悠儿 lən^{35} iəʊ^{55} iɚ

此类形容词的重叠式在建始方言词汇中最常见，语音上三个音节都读原调，在感情色彩上表示中性或否定、厌恶情绪，一般不儿化。儿化后就带有明显的喜爱、亲切色彩。结构上“ABB”中的“A”可以是名词性语素、动词性语素、形容词性语素，加上后缀后表示事物所呈现出来结果、状态、属性等，使其描述性更具生动性，在句中一般充当谓语、定语、状语，如：

① 这个屋里好久没得人住哒，到处都霉胴胴的霉乎乎的。

② 我不喜欢吃面淡淡脆生生的反义的苹果，我喜欢吃脆一些的。

③你硬是活甩甩很干脆地把钱给别个骗哒。

3.“BBA”式。建始方言中形容词的“BAA”式不是“ABB”式位置简单地交换，“BBA”式数量较少，三个音节都读本调，在句法功能上与“ABB”一样都可以做谓语，但“BBA”式做谓语不必加上“的”，“ABB”式做谓语一般都要加上“的”。

梆梆硬 pan^{55} pan^{55}ŋən^{35}
蜜蜜甜 mi^{55}mi^{55} t'in^{11}
滂滂臭 p'an^{55} p'an^{55} tʂ'əʊ^{35}

溜溜圆 liəʊ^{55} liəʊ^{55} yn^{11}

4. “AABB”式。这种重叠式的数量也不多，一般都是由形容词性语素分别重叠或形容词重叠而来，第二音节读轻声，其余音节均读原调。

客客气气 kˈæ^{35}kˈæ tɕʻi^{11} tɕʻi^{11}
松松垮垮 sʊŋ^{55} sʊŋ kˈuA^{53} kˈuA^{53}
懂懂怪怪$_{\text{怪异}}$tʊŋ^{55} tʊŋ kuaɪ^{35} kuaɪ^{35}
窝窝瘪瘪$_{\text{窝囊}}$uo^{55} uo pie^{53} pie^{53}
找找嘛嘛$_{\text{神经质的}}$tʂɑʊ^{53} tʂɑʊ mA^{11}mA^{11}
喳喳呜呜$_{\text{很外向}}$tʂA^{53}5tʂAu^{55}u^{53}

5. “ABAB”式。这一类结构基本都是“AB”并列而成，四个音节都读本调。

□高□高$_{\text{瘦高}}$lan^{55}kɑʊ^{55} lan^{55} kɑʊ^{55}
二□二□$_{\text{不可理喻}}$ɚ^{35}tˈæ^{55}ɚ^{35}tˈæ^{55}
嘿吱嘿吱$_{\text{兴致高昂的}}$xæ^{35}tʂʅ^{55} xæ^{55}tʂ ʅ^{55}
低个低个$_{\text{很少}}$ti^{55} kɚ^{55} ti^{55} kɚ^{55}
矮胖矮胖 aɪ^{53}pˈan^{35} aɪ^{53}pˈan^{35}
皮踹皮踹$_{\text{软糯}}$pˈi^{11} tʂʻuaɪ^{53} pˈi^{11} tʂʻuaɪ^{53}

“ABAB”式除了与普通话有重叠的词语外，建始方言词汇中数量也不多，结构上有的“AB”可以独立成词，但必须重叠为“ABAB”式才能运用，能做谓、定语、状语外，主要做补语。如：

④ 这个娃儿的老汉儿长得□高□高的。

⑤ 他每天又没做么子正经事，还忙得嘿吱嘿吱！

6. 嵌缀式。在建始方言中，有一些四字格形容词，其后边、前边或中间有词缀，这些词缀能产性不强，没有实在意义，只起补充音节的作用，词缀除了普通话中常见的以外，还有一些独具特色的词缀，常见的格式有“A 里 AB”“A 里 A 气”“A 里日 B”“A 不拢耸”及其他类型。

慌里慌张 xuan^{55} li xuan^{55} tʂan^{5}
懵里懵懂 mʊŋ^{53} li mʊŋ^{53} tˈʊŋ^{53}
狗里狗气$_{\text{小气}}$kəʊ^{53} li kəʊ^{53} tɕʻi^{53}
流里流气 liəʊ^{11}li liəʊ^{11} tɕʻi^{53}
快里快气$_{\text{无精打彩}}$iɑŋ^{55}li iɑŋ^{55} tɕʻi^{53}
女里女气 ly^{53} li ly^{53} tɕʻi^{53}
苕里日气$_{\text{蠢笨}}$ʂɑʊ^{11}liʐ ʅ^{35} tɕʻi^{53}
黄里日昏$_{\text{糊涂}}$xuan^{11} liʐ ʅ^{35}xʊŋ^{55}
哈里日气$_{\text{不知深浅}}$xA^{53} liʐ ʅ^{35} tɕʻi^{53}
怪里日气 kuaɪ^{35} liʐ ʅ^{35} tɕʻi^{53}
阴不搂叟$_{\text{不可告人的}}$in^{55}puləʊ^{55}səʊ^{55}
灰不拢耸$_{\text{灰不溜秋}}$xueɪ^{55}pu lʊŋ^{11}sʊŋ^{53}
黑不拢耸$_{\text{黑不溜秋}}$xæ^{55}pu lʊŋ^{11}sʊŋ^{53}
心焦八焦 ɕin^{55} ʨiɑʊ^{55}pA ʨiɑʊ^{55}
硬持八僵$_{\text{硬梆梆}}$ŋən^{35} tʂʻʅ^{11} pA ʨiɑŋ^{55}
无故八撒$_{\text{无缘无故}}$u^{11} ku^{35} pA sA^{11}
清早八早$_{\text{很早}}$tɕʻin^{55} tsɑʊ^{53} pA tsɑʊ^{53}
遭孽八撒$_{\text{很可怜}}$tsɑʊ^{35} lie^{35} pA sA^{11}
神不愣□$_{\text{很调皮}}$ʂən^{11} pu læ^{55} tˈæ
毛焦火辣 mɑʊ^{11} ʨiɑʊ^{55} xuo^{53}lA^{35}

上述类型的重叠式都是在词根上加上不同词缀构合而成，感情色彩都带有明显的贬义，建始方言四字格形容词与一般形容词语法功能大致相同，在句子中充当谓语、定语、状语、补语，后边一般都要加上“的/地”。如：

⑥ 他这个人狗里狗气的，不好相处。

⑦ 恁门个苕里日气的哈哈那么一个傻乎乎的傻子。
⑧ 你阴不搂叟地来搞么子?
⑨ 李师傅这几天忙得毛焦火辣的。

三、结　语

建始方言由于其西南官话的区域性，儿化现象较多，重叠与儿化结合的也较为紧密。

从重叠式的词性来看，建始方言重叠式中形容词重叠式最为丰富，这些形容词的重叠式一类是描写静态事物，以“ABB”“ABAB”“AABB”为代表，主要在句中充当定语、谓语、状语，少数充当补语；一类是描写动态情状，以嵌缀式为代表，词根可以是形容词、名词、合成词，主要充当谓语和补语。

建始方言有些重叠式独具地域特色，极富表现力，有的在普通话中难以找到对等的词语来表述，比如形容词重叠式嵌缀式里的词缀“八”“日”“搂叟”。

参考文献

[1]陈淑梅．湖北英山方言形容词的重叠式[J]．方言，1994(1).
[2]罗自群．襄樊方言的重叠式[J]．方言，2002(1).
[3]罗姝芳．恩施方言中特殊的形容词重叠式[J]．湖北师范学院学报(哲学社会科学版)，2007(6).
[4]杨佳璐．恩施方言特色量词[J]．语文学刊，2014(5).
[5]陈孝玲．钟祥方言胡集土语词汇的重叠式[J]．广西民族学院学报(哲学社会科学版)，2004(12).

(原载《四川民族学院学报》2015年第2期)

湖北建始方言词汇拾零

内容摘要：湖北省建始县域方言属于西南官话成渝片区，具有浓厚的民族地方色彩，文章收集了建始地区人们使用频率较大的一些词语，从形象化词语、反映生活习俗的词语、形象化的熟语、方言词汇与地域文化的关系四个方面对建始方言词语进行了归纳总结，体现出建始方言词汇的地域文化特点。

关 键 词：建始方言　方言与文化

湖北省建始县位于鄂西南山区北部，县域古属巴子国地，三国吴景帝孙休永安三年(260)置县，迄今已有1700多年历史。建始方言属于北方方言西南官话成渝片区，研究建始方言的特点对建始方言以及周边地区的方言都有重要的参考价值，本文试图从语言与地域文化体系出发，对建始方言词汇进行述评。

一、形象化词语

方言词汇是在一定地域内通行的、与共同语有所差异的话语。一般而言，在一定的地域内形成了方言，也就形成了地域文化。作为文化的载体，方言和地域文化在形成和发展的过程中相互促进、相互影响、相互推进，方言与地域的历史、地理环境、风俗、生活习惯都有关系。建始作为一个历史悠久且长期封闭的多民族混居的城市，受传统观念、地理环境的影响较重，形成了对客观事物的具象思维特征，善于从事物的整体特征来给客体命名。《周易·系辞》云："立象以尽意。"这种传统的具象思维方式，影响着建始方言的生成与发展。

1.1 形象化名词

(1)形状特征描绘

建始方言	普通话	形状特征
背拢系架架儿	背心	夏天穿的背心形状与山区出行购物的背拢(背篓)在外形上相似
赖磕包(儿)	癞蛤蟆	突出其背上的疙瘩
癞磕马儿	癞蛤蟆	突出其蹲姿如蹲马步
曲肠(儿)	蚯蚓	突出其身体形状长且弯曲
摇裤	内裤	像摇篮一样呵护贴身部位
灰面	面粉	突出面粉的灰土状
罐罐话	空话	突出罐子中空无物的特性

(2)声音、颜色描绘

建始方言	普通话	声音、颜色
四鸡鸭	知了	强化突出知了叫声中的“啊”音
拖板儿	拖鞋	穿拖鞋走路时发出的叭哒声
打波	亲吻	夸大亲密动作时的声音
扯闪	闪电	突出闪电时的白光而忽略其电声
叫鸡公	初生的男孩	突出公鸡鸣叫的雄性特征，对男婴的昵称

(3)采用比喻、借代等修辞手法构词

建始方言	词汇意义及修辞方式
话咵咵	比喻话多、爱说话，很能说话的人
老南瓜	比喻矮胖的不正经的老男人
棒老二	借指杀人放火的强盗、土匪，现已泛化指品行不端的人
赶骡客	借指穿衣服时内层衣服比外层长的打扮
糖麻鸡屎	比喻没有正式商标的江湖假货

1.2 形象化的动词

逮——吃。“逮”的本义是捉住，用逮来描述吃饭，表示饿的程度很深，有迫不及待的感觉，也可表示人的饭量大，简洁生动。如：他一顿逮啊十个馒头。

掇[do35][1]——相当于“戳”，一般重叠为“指指掇掇”，表示没礼貌地指点。如：我就不喜欢他老是喜欢在别人背后指指掇掇的，不耿直。

吃大盘子——吃宴席。用吃饭时盛菜的工具代替饭菜本身，固化为别人家有红白喜事。如：老李的儿子明天结婚，我要切去吃大盘子。

日白——聊天、吹牛、说谎，除此之外还有很厉害、很强大的意思。如：你吃哒饭哒没得事做，到别个屋里切去日白嘛，莫红直挺尸不要老是睡觉。

日噘——讽刺、挖苦，“噘”是“骂”的意思，“日噘”就是骂人不带脏字。如：你莫在那儿日噘我，我哪有那么大的本事。

闹豁豁儿/闹豁子——说空话，无理取闹；有时专指小孩子嘴馋而无理取闹。如：他看到别个屋里在吃西瓜，就回切去闹豁豁儿/闹豁子。

1.3 细致精准的形容词

建始方言对事物的描绘非常细致、精准，有大量意义相近的同义形容词，这些形容词同中有异，对于不同事物的特征都有特定的形容词相对应。

罗耸——脏、不干净、不整洁。如：你成天穿得这么罗耸/罗里跨耸。

塞乃——脏、不干净；小气。如：你莫把个屋里搞得那门那么塞乃。/ 你好塞乃，借百把块钱都不舍不得。

点点儿——少、小，主要用于量的方面。如：你中午就吃那门点点儿饭？

滴各儿——少、小。主要用于数目、体形、空间方面，也可以用于量的修饰。如：你这次考试就考这门这么滴各儿分儿？/ 他都十岁哒，还只有那门滴各儿大！/ 滴各儿大个厨房，哪门怎么弄饭！/ 只给啊他一滴各儿粮食。

着哒——糟糕，情况不妙。主要用于主观原因造成的影响。如：你着哒，你把他打死哒。

拐哒——糟糕，情况不妙。主要用于客观对主观的影响。如：拐哒，他们的屋垮哒。

建始方言的形容词也特别注重描绘性，往往多个不同词类的词语相连接，或在形容词基础上加上词缀、补充性成分整体构成形容词，使整个词语形象生动鲜活起来，并赋予词语一定的感情色彩，如：“黑黢麻拱的”“砍脑壳死的”往往带有一定的贬义。

糊锅巴懒救的——食物烹饪过度，没法补救。如：你哪门怎么天天把个稀饭煮得糊锅巴懒救的嘛！

区眉小眼的——吝啬，小气，抠门。如：她区眉小眼的，一滴各儿东西都舍不得给外人。

隔里逢外——性格古怪或过于见外。如：他的脾气有些隔里逢外的，不好交流。/莫那门隔里逢外的，都是亲戚，彼此照应是应该的。

没得好大个哒撒——没出息，游手好闲的。如：你成天东骗西骗的，以后也没得好大个哒撒。

二、反映生活习俗的词语

习俗是乡土文化的主要表现形式，每个地区都有自己特有的民俗生活习惯，在日常生活、岁时节日、婚丧嫁娶、祈祥禁忌中都充满了浓郁地方文化色彩。建始方言词语中的有些词语反映了当地所特有的民俗、民族文化生活情况，包罗衣食住行各个方面，极具地方色彩，这些词语形象逼真地再现了当地百姓直白、乐观的形象化思维方式。

“下沙市”——“沙市”位于湖北省中南部，是“三楚名镇”，“下沙市”一般用来描述小男孩夜里尿床，与字面意义毫不相关。撒尿湿了床，“沙市”是长江沿岸名城，两者谐音构成新词“下沙市”，久而久之形成了既隐晦又诙谐的民俗词语，也体现出大山深处的人民对山外世界的向往。

"二黄腔"——普通话的"二黄"本指京剧的一种声腔系统。据陕西安康汉调艺人世代流传，都说二黄是在本地土调"黄腔"基础上受南北曲与兄弟剧种的影响发展演变而成。而所谓"黄腔"，在陕南三共本属"出格""变调"之意。"二"在方言中又有指人很傻的意思，"傻"与"出格""变调"相结合，表示某人说话不着边际，胡言乱语。俚风俚语，极具地方本土原味。

建始位于湖北西南部，地理环境恶劣艰苦，但朴实的劳动人民在艰难的生活环境中仍不忘健康乐观的生活情趣，语言中不乏嬉笑自嘲，于困顿之中释放人生的欢乐。

"吹吹火筒"——"吹火筒"本是烧柴灶火所用工具之一，竹筒制成，一头近火，另一头吹气，为火的燃烧增添氧气。当地百姓家家有柴灶，为做饭取暖之必备，一般主妇做饭，男子吹吹火筒，木柴燃烧完毕要翻拣炭灰，此一行为被当地百姓隐晦为"扒灰"，故某家迎娶儿媳，同辈之人嬉笑公公有火筒可吹，烟火气息浓厚，亦庄亦谐，妙趣横生。

"涮坛子"——"坛子"是鄂西南地区家家户户必备生活用品，"涮坛子"本为"算弹指"，原意为走江湖，给人定命数的算命先生，多为胡说之人，故引申为说大话，乱说之人，后逐步演化为"涮坛子"，意为开玩笑、戏弄人。集中体现了当地人民机智幽默的性格面貌和语言习惯。

三、形象化的熟语

人类的社会生活都是在特定的地理环境中展开的，语言和文化的形成与演变都打上了环境的深刻烙印。不同的环境决定了不同的生活方式，反映在方言中则有不同词汇手段的称述。"随着环境的变化、社会生活的变迁，方言词汇有的相应地更替了，有的则固执地传承下来"[2]。建始方言词汇量丰富，表意形象生动，充分显示了鄂西南多民族混居的文化色彩，具有鲜明的地域特色。其熟语于谐趣幽默中见智慧，平常里见深奇，内容包罗万象，形式灵活多样，主要有歇后语、半截话，实际就是隐语，但听话人常会心领神会，使语言交流幽默风趣，含蓄生动，显现出特殊的美感和魅力。如：“眼睛长到额脑壳上切哒——看不起人”，形容人趾高气扬，目中无人。在语言交流中，只说一半，把后半部分隐句，又称之为半头话。

“骡子下儿不知贵贱”——指购物不分情况不问质量，随心所欲地乱买，暗指败家。

“吃啊咸罗卜操淡心”——指不做好分内的事却去管不属于自己分内的事，暗指管得宽，管得多，没正形。

“闯尖尖石头”——指去招惹比自己或比先前更厉害的对手，暗指暂时没吃亏，受苦在后，一般用于失利者的自我安慰或对横行霸者的诅咒。

“马屎果果儿外面光”——指内在本质不好的东东，徒有虚华的外表，也即“金玉其外，败絮其中”。

“羞癞屎壳壳”——指某人不害臊，故弄玄虚，暗指极其不要脸。

“板到篱门坎儿狠”——指只能在自家门前逞能示凶，而不能在大世面上参与竞争的做派，常是父母对没出息的儿子的责备，暗指没出息。

“憋到公鸡下儿”——指被强迫做某种不能完成的事情，带有极其不满的宣泄之义。暗指命令者的昏聩。

“鸭子煮熟哒嘴巴还是硬的——干口硬”——用于描述某人嘴硬，死不承认，多用于奸佞邪恶之人。

“三条裤儿破了二条——看你得哪条”——指没有资本，穷得瑟，瞎炫耀，多用于没有自知之明而盲目自大的人。

四、方言词汇与地域文化的关系

“语言与文化是共生的，两者相互促进、共同发展，语言是文化范畴中一种特殊的现象”[3]。英国语言学家帕默尔说过：“语言忠实地反映了一个民族的全部历史、文化，忠实地反映了它的各种游戏和娱乐、各种信仰和偏见。”语言反映民族文化，方言反映地域文化，其中的规律是一样的，前者是整体，后者是分体，二者之间是大同和小异的关系。

建始是鄂西南土家族苗族自治州的中心县市，是个历史较为悠久的文化古城。当地方言在长期的民族融合过程中既保留本民族鲜明的特色也逐渐吸收化用外来词汇。在建始方言中，根据各自的习惯，有的将爷爷奶奶统称为泛性别的“嗲嗲[dia33]”，有时改口称呼父亲母亲统一为无性别标志的“伯伯”，称呼姑妈按排行称为“大爹”“二爹”直至最小的“爹爹”这种独特现象，从中可以窥探出土苗先民女性为大的民族遗风。

方言依附于每个人身上的印记，古今无异。而方言一出口，势必将听者带入它所特有的地域文化之中。粗犷秦腔的身后是黄土苍凉的西北，吴侬软语的背影是烟雨朦胧的江南，而憨直爽朗的四川话天生就是“不用我们费力，就能把我们领进锣鼓喧天、锅碗瓢盆、家长里短的沸腾生活……鲜活、生动、充满野性的一幕”[4]。“一方水土养一方人，一方人说一方方言”，从建始方言词汇中我们可以看出建始人民力求简洁的表达方式，惯用形象直观的思维方式，体现出建始人民所具有的直率、奔放、热辣的性格特点，其固有的民族地域性方言词汇也呈现出本地区独特的生活习俗、饮食文化与婚俗状况。保护方言，传承文化，就是守护我们的历史。

参考文献

[1]许慎．说文解字[M]．北京：中华书局，1963.

[2]孙和平．四川方言文化——民间符号与地方性知识[M]．成都：四川出版集团，2007.

[3]赵元任等．湖北方言调查报告[M]．上海：商务印务馆，1948.

[4]文东．被委以重任的方言[M]．北京：中国人民大学出版社，2003.

（原载《黔南民族师范学院学报》2014年第4期）

湖北建始方言词汇中的文化特征

摘　要：作为文化的载体，语言总是忠实地反映着使用该语言的社会的历史和文化。建始地区是个多民族聚居区域，有汉语、土家语、苗语等方言，这些方言互相联系，相互渗透。本文着重从方言词汇同普通话的差别及各方言词汇间的相互影响，探讨建始地区方言文化。

关键词：建始　方言词汇　方言文化

建始县位于鄂西南山区北部，隶属恩施土家族苗族自治州，虽行政区划隶属湖北省，但方言类型上却属于西南官话的成渝片。并且由于建始从历史上就是一个多民族聚居地，建始方言受民族语言影响，与同属于西南官话的其他方言有所不同。作为文化传承的载体，语言总是忠实地反映着该地区的历史和文化，通行在一定地域的词汇，则是这种地域文化最直接体现。

一、建始方言词汇特点

(一)建始方言词汇中具有古汉语、少数民族色彩的词汇

建始地处湖北西南角，地形封闭，交通不便，语言的发展也相对处于停滞的状态，呈现出独有的特点，一方面与普通话保持了一定的一致，另一方面也保留了中古语音的特点。如：

建始方言	意　义	普通话
瞅[tɕ′iəu^{55}]	生气或轻蔑地横眼看人	瞪
幪[moŋ^{35}]	用手严密盖住物体	捂

踹[tʂuai55]	双腿下蹲	蹲
欠[tɕ′ien35]	牵挂	思念
刷[ʂua55]	把衣、裤卷起来	卷
提[t'ia11]	把物品提起拎走	提、拎

从上述词例可以看出，建始方言中有部分单音节词语意义丰富，读音与现代汉语完全不同，保留古汉语色彩。在建始方言词汇中，还有部分单音节词语，直接来自古汉语，以动词为多，保留了古汉语的词义和用法，如：

蹽[da21]，摔倒的意思。通常写做“达”，《集韵》“他达切，音闼”，《玉篇》“足跌也”，《类篇》或省作“□”。

鬻[p'u55]，液体沸腾后溢出，通常写做“铺”或“潽”。著名语言学家、词典学家王光汉《词典问题研究—合肥方言单音动词考释一》指出：《说文》：“鬻，炊釜沸溢也。”段玉裁注：“今江苏俗谓火盛水沸溢出为‘铺’出，鬻之转语也，正当作鬻字。”《广韵》音“蒲没切”。《现代汉语词典》作“潽 ”，“潽”不见于古代字书。

这些词语在相对封闭的区域内广泛使用，使建始方言更显古朴、形象、凝练，成为古汉语的活化石，同时也反映出建始方言在与其他西南官话片区剥离后在漫长的发展中逐渐形成了自己的方言文化。

(二)建始方言中多以“子”“儿”为尾的词汇

建始方言有较多的以“子”为尾的词，以指称事物名称为最。以“儿”为缀的词语，是儿化的标志，与普通话无异；以“儿”为尾的词语，发音时要读成界限分明的各自独立的音节，且都表示细小、可爱之类的人或物，有时可在“儿”之前加上“娃”。如：

建始方言	意　义	普通话
鸡子	长大的鸡	鸡
条子	细长的小竹条，常用来教训小孩子	竹条
闹药子	泛指有毒的物品	有毒物品
去年子	去年	去年
男娃子	未婚的男性	男孩

媳妇子	丈夫的配偶	妻子
锅儿	相对于大锅而言的小锅	小锅
猫儿	刚出生的小猫	小猫
盖盖儿	盖子	盖子
边边儿	物品的边角	边沿
细娃儿	小孩	小孩儿
妹娃儿	年轻的未嫁女孩儿	女孩儿
狗娃儿	相对于大狗而言的小狗	小狗
男娃娃儿	刚出生的男婴儿	男婴

在建始方言中以“子”“儿”为尾的“子”“儿”都是自成音节，有具体的实际意义，读本调。“AA儿”“×娃儿”“×娃娃儿”中的“儿”要儿化，与普通话儿化规律一致，当地方言使用人群都能自由清楚地区分开来。

(三)建始方言中具有形象色彩的多音节名词

建始方言中有一些词汇非常富有形象色彩，生动传神，主要以多音节名词的“ABCC／ABCC儿”为主要形式。

建始方言	普通话
豆腐皮皮	千张
苞谷坨坨	玉米
糯米粑粑	糯米浆做的饼状食品
风皮子壳壳	头皮屑
梯子坎坎儿	台阶
街沿边边儿	街边
水果铺铺儿	卖水果的商铺
白菜梗梗儿	白菜帮子
针线包包/儿	针线包
洋芋果果/儿	土豆
葵花壳壳/儿	瓜子壳

从词汇书写形式来看，上述例词跟定中式结构类似，但在建始方言中却不能理解为粘合式定中结构，“豆腐皮皮”不能理解为“豆

腐的皮皮”“苞谷坨坨”不能理解为“苞谷的坨坨”。ABCC结构是建始方言构成名词的一种主要形式，AB可以是中心语，如“苞谷”“洋芋”，CC对AB的性状进行描写说明，“坨坨”“果果”用来描述事物的情状，ABCC再整体构成粘合式多音节名词。AB也可以是修饰语，如“糯米”“白菜”“葵花”，CC是语义的中心。CC有不能儿化、必须儿化、两可的三种情况，如果表示细微细小、可爱的情感色彩，一定要儿化；如果强调相对“大”的性状，就不能儿化，如“风皮子壳壳”，头皮屑实际情况也不会很大，但为了突出头皮屑的扎眼，就不能说成“风皮子壳壳儿”；如果事物本身无明确大小之分，根据主观喜好，可以儿化也可以不儿化，比如有的人不喜欢扔在地上的瓜子壳，可以说“满地的瓜子壳壳”，以示讨厌，如果说“用瓜子壳壳儿来做手工艺品”，这时就是废物利用，一定要儿化。凡此种种，都可以显示出当地民众的丰富情感，反映出当地人民直接、纯朴、心口如一的山民性格特征。

（四）建始方言中具有地方个性的亲属称谓词汇

恩施为少数民族人口聚居地，据《恩施州志》记载，土家族人口占恩施境内总人口一半以上，传统的土家文化对当地方言有很大的影响。而汉族亲属称谓是千百年来儒家文化的缩影，讲求男女有别、长幼有节、尊卑有序，在汉民族与当地少数民族长期的融合当中，又形成了独具特色的称谓方式，总体来说就是繁简相交，删繁就简。

对父母的称谓，单独称父亲时可以称“爸爸、伢伢、伯伯、老头儿、老汉儿”，单独称母亲时可以称“妈妈、伯伯”，背称父母时可以称为“妈老汉儿”“爹妈老汉儿”“娘老子”。父亲的姐夫和妹夫被称为“姑爹”，母亲的姐夫和妹夫被称为“姨爹”，这也符合“爹”作为男性称谓的特点，但同时，对父亲的姐妹也称为“爹”，并且按排行顺序加以区分，直到最小的“爹爹”，称谓分类之细，看出建始地区百姓注重细节，礼节更为周到，这种称谓一是对于长辈的重视与尊敬，二是对于长幼次序的强调，同时这种女性男称的方式，也反映了对生男性的崇拜，从某种程度上来说也是传统家庭观念重男轻女的一种表现。

称呼平辈的兄弟姐妹就相对简便，建始方言对堂亲表亲的区分不是很明晰，堂兄堂姐表兄表姐的称谓都一样，一般是“以其姓名的最后一个字+哥哥/姐姐”，有的甚至是“姓名全称+哥哥/姐姐”，并没有亲疏之分，如确需区分，加上“叔叔伯伯家的”或“舅舅家的”进行区别，这反映了对亲属关系的一种重视，而又不过于计较的民族风范，将整个姻亲、血亲都纳入自己最亲密的范围中，以维系良好的亲戚关系，维系民族团结，这是当地重视亲戚关系民风的一种表现。

二、建始方言与其他方言词汇之间的相互影响和渗透

建始县西接恩施市，南邻鹤峰县，北与重庆市巫山县毗连；西北与重庆市奉节、巫山两县接壤，县城距省会武汉市 607 千米。建始方言与恩施其他七县市由于受土家族文化影响，北方移民等各方面的原因仅仅只在语音上略有差异，其他几无区别。

而同属西南官话的重庆方言在社会生活中十分活跃，属于强势方言和向心型方言，与弱势方言相处时易形成扩展的态势，在边界上往往会使外方言区的人兼同本方言，建始人民在重庆强大的向心力的作用下，交流移动的区域就近选择了重庆地区。随着重庆直辖市地位的确立，重庆的人文地理已形成越来越强的磁场，产生着不可抗拒的引力，由于地理环境的便利，建始方言不由自主地吸收引入以至改造了部分重庆方言词汇。

重庆方言	建始方言	普通话
丁丁猫儿	洋丁丁儿	蜻蜓
二杆子	二丘货	流氓无赖
喊黄	喊黄天	叫苦、认输
老火	恼火	痛苦难以承受
唧个	哪门	怎么
苏气/杭式	杭式/洋式	洋气

火窑裤	摇裤	内裤
铲铲	闯闯	粗口，表示强烈否定，相当于“屁”
灯晃晃儿	烟花儿	整天游手好闲不做事的人
偷油婆	偷羽婆	蟑螂

从上述例词可以看出，建始方言对重庆方言特征词的引入不是简单的引用，而是根据自身的发音条件、生活习性、认知情况对其进行改造。或保留部分音节，如“丁丁猫儿”中的“丁丁”再更换别的音节，形成新的事物名称；或者根据本地区的发音实际，将错就错形成新的本地词汇，建始方言中“l”“n”不分，引入重庆方言的“老火”“啷个”时就讹变为“恼火”“哪门”。

重庆方言的总体特征是麻辣火热(火窑裤)，而建始方言的总体特征是甜糯黏软(摇裤)，在长期的融汇交流中，词汇的运用既错骨连筋，又花开两朵各表一枝。这些来自于重庆方言的去重庆化方言词汇体现了土家文化与建始人的交际思维习惯和文化魅力，成为西南官话成渝片区多彩的一角，同时也展现了建始人民兼收并蓄、进取创新的品性。

三、建始县域内体现地域特色的词汇

建始县始建于晋太康元年(公元280年)，县名取建县伊始之意。县域内土地多、气候温和、雨量充沛、水力资源、矿藏资源丰富。四面环山，山势高低悬殊，溪涧遍布全境，自然概貌大体是“八山半水分半田”。境内地名的命名与县域自然体貌融为一体，体现出当地百姓崇尚自然的精神风貌。

根据1983年建始县地名办公室出版的《湖北省建始县地名志》统计：全县共205个集镇、自然村及公社地名，具有当地山区特色的通名列入前五位的依次是“坪”(17.56%)、“坝”(11.70%)、“埫”(4.89%)、“垭”(2.93%)、“溪”(2.93%)，紧跟其后的为“坡”(2.43%)、“塘”(1.46%)、“岭”(0.98%)、“垉”(0.49%)、峁(0.49%)。如：鹞子坪、猫坪、磺场坪、松树坪、肖家坪、瓦渣坪、崔坝、下坝、建阳坝、余家坝、金盆埫、彭家埫、桃园垭、江家埡、前三溪、东门溪、东门坡、南山坡、后塘、鸡公岭、刘家垉、羊峁等，这些地名的通名都是以“土”“山”“水”为偏旁，根据形声字的规律，可以得知当地地形的特点，山多土多间或有水贯之。专名也是极其朴素的寻常可见事物或是对美好生活的向往(金盆堷)，反映了当地民众虽处恶劣自然环境之中，却不怨天尤人，反是怡然自乐、乐观豁达、积极向上的生活态度。

除此之外，建始地名的命名中还保留古语色彩，体现了当地相对封闭的地理状况和具体地理形势。如：“堷”，《广韵》“声符尚，韵部东”，古同“垧”，土地面积计算单位，体现出当地山民以土地为最根本的生产生活资料，土地面积的多寡是个人家庭状况的直接体现。“埡(垭)”，两山之间的狭窄地方(多用于地名)。“峁”，小山顶，指顶部浑圆，斜坡较陡的黄土丘陵。“垉”，仅有读音，意未详。

上述通名的“土”“山”“水”类地名的广泛运用，既是当地地理环境的直接呈现，也是各民族在当地长期生活留下的历史见证。

四、结　　语

语言是一种社会现象，处在一定地理环境和社会环境中，地理环境和社会因素影响方言的发展趋向，词汇忠实地记录着这些发展变化与联系，各种方言又有千丝万缕的联系，但方言又不是一种纯粹的语言现象，它同时也是一种文化现象，它受到政治、经济、地理等的影响，从而显现出自己独特的个性。语言是社会生活的镜子，从中折射出人类生活的方方面面，我们从上述这些带有明显地域文化特征的词汇中，了解了一方的语言，同时也让我们从另一个角度认识了蕴含于其中的建始文化。

参考文献

[1]许慎．说文解字[M]．北京：中华书局，1963.
[2]孙和平．四川方言文化——民间符号与地方性知识[M]．成都：

四川出版集团，2007：89-113.
[3]赵元任等．湖北方言调查报告[M]．上海：商务印务馆，1948.
[4]沈茳．重庆方言与城市文化[M]．重庆：重庆大学出版社，2003.
[5]喻莲，李芳．恩施方言部分词语本字考[J]．法制与社会，2008(6)上：227.
[6]梅冰．恩施(城区)方言语音词汇研究[D]．武汉：中南民族大学，2011.

(原载《绥化学院学报》2014年第4期)

湖北建始方言中“哪门”的语用分析

摘　要：湖北建始方言中的疑问代词“哪门”有多种句法功能，可以充当谓语、状语、宾语，在形式上也有“哪门个”“哪门的”“哪门恁门”等变式，反映出建始方言疑问代词用法的多样性和丰富性。

关键词：建始方言　哪门

湖北建始方言中的疑问代词“哪门”是建始方言中常见的谓词性代词，有多种句法功能和相关变式。

一、“哪门”的形、音、义

“门”在建始方言里念作[mən11]，“哪门”结合后念[na21 mən53]。建始方言中的“哪门”中的“门”不能用普通话的“门”来替换。“门”作为名词，普通话与建始方言无异，普通话“这门”、“那门”中的“门”是量词，如“一门大炮”、“三门功课”等。在建始方言中，“这/恁门”、“那/恁门”的意思是“这样”、“那样”。如：

(1)你恁门$_{这样}$也不行，那门$_{那样}$也不行，你到底要哪门才行？

“这门”、“那门”理解为“这样”、“那样”时，“门”具有一定的量词特征，同时“这门”、“那门”还可以理解为“这么”、“那么”，如：

(2)你恁门$_{这么}$说，就太那门$_{那么}$格里缝外$_{见外}$哒。

“这门”、“那门”理解为“这么”、“那么”时，“门”就相当于“么”，是没有实意的词尾。既然有“这门”、“那门”那就肯定有“哪门”，“哪门”的意义相当于普通话中的“怎么”、“为什么”。如：

(3)你哪门$_{怎么/为什么}$恁门$_{这么}$不听话？

二、“哪门”的句法功能

(一)做独立语

“哪门”可以在句中单独使用表示应答或打招呼，根据语境，有不同的语义和语气。如：

(4) ——王老师！——哪门？

(5) ——你就是小王的男朋友？——哪门。

(6) ——哪门？　——我今天肚子不舒服。

(7) ——哪门，你找我有事？

例(4)中的“哪门”作为应答语之外，还隐含“有什么事吗？”的语义语气，语言信息简洁而丰富。例(5)的“哪门”，除了礼节性的应答和肯定之外，还体现出说话人自信、热情、开朗的性格。例(6)、(7)用“哪门”主动发起对话，话题直指双方关注的焦点，紧张而又高效。

(二)做谓语

“哪门”可以在句中直接充当谓语，一般都要在句末加上“哒、吗、啊”等语气词。如：

(8)你爷爷哪门哒？——我爷爷病哒。

你爷爷哪门吗？——没哪门啊$_{没什么事}$。/ 我爷爷病哒。

(迟到后，老板问)你哪门啊！　——电梯坏哒。

(9)那个手机哪门哒？——搞掉哒。

那个手机哪门吗？——没哪门啊$_{没什么事}$。/搞掉哒。

(呼叫对方未果，当面问)那个手机哪门啊！——掉哒。

上述两组例句中，“哪门……哒”结构，问话人不知主语出了什么状况，提出问题，需要得到答案，句末“哒”重读降调，以示强调。但有时为了缓和语气，句末可以连用语气词变为“你爷爷哪门哒吗?”、“那个手机哪门哒吗?”。“哪门……吗”结构，说话人根据已有的信息，对主语出现的状况有所了解但又不确定，提出问题希望得到肯定或否定的回答，是典型的特指性是非问。“哪门……啊”结构，疑问语气最弱，说话人根据已有的信息对已发生的状况很不满意，通过“哪门”的疑问形式来发问，通过“啊”来宣泄心中的不满，重读上扬，对话人无需作答或简单陈述已然的事实。

有时候“哪门”可以带宾语，充当宾语的仅限于人称代词，这时的“哪门”，在句子中都是表示消极意义，等同于动词。

(10)你又哪门他哒喔?他一直在那闹。

(11)他哪门你哒吗，你那门恶色色里的很凶恶。

(12)他没哪门我，我个人自己跶倒的。

(三)做状语

“哪门”的主要句法功能是做状语，一般放在谓语动词之前，可以整体构成独立语置于句首，关联下文。如:

(13)哪门说了，他现在也过得不是蛮好。

(14)哪门搞嘛，养到那门个儿子。

除此之外，也可用来询问原因或方式，语义较为丰富，位置较为自由，如:

(15)你哪门为什么、怎么又迟到哒?

(16)我找不到哪门如何、怎么样去。

(17)哪门为什么晓得这个结果?

(18)哪门凭什么、为什么住一楼，二楼不是空到的?

(19)你哪门为什么、哪里不舒服?

有时为了表示委婉的语气或征求对方的意见，一般用“哪门和[xuo11]”再加谓语动词，语义更加丰富，如:

(20)你们哪们和怎么样、如何说起的，明天去不去?

(21)你儿子现在哪门和搞起的喔近况如何?

(22)你的衣服哪门和为什么和他们的不一样嘛!

(23)他现在已经不听大人的哒，哪门和无论如何搞都不行。

（四）做宾语

“哪门”有时候还可以做宾语，仅用在“想”、“喜欢”等心理动词之后，可以是有疑而问也可是虚指，表示无可奈何的语气，如：

（24）你想哪门$_{\text{怎么样}}$啥？

（25）哪有恁门好的事，你想哪门$_{\text{如何}}$就哪门$_{\text{如何}}$！

（26）你愿意哪门搞就哪门搞！

三、“哪门”的变式

（一）“哪门的”

“哪门的”与“哪门”用法上大体相似，但也有细微区别。

1.“哪门的”一般不做独立语表示应答或打招呼，否则语气生硬，具有挑衅意味。如：

（27）哪门，你找我有事？／* 哪门的$_{\text{怎么的}}$，你找我有事？

（28）——李叔叔。——哪门？／——李叔叔。*——哪门的？

文中标明“*”的句子在建始方言中不能成立（下同），但在表示疑惑的语气时，“哪门的”可以单独作为回应句出现，相当于社会流行词“为什么呢？”，如：

（29）——我今天中午不想吃饭。

——哪门的？

2.“哪门的”充当谓语时，句末可以不用加上语气词“哒”、“吗”、“啊”，“哪门”则必须加上相应的语气词。如：

（30）你脸上哪门的$_{\text{怎么了}}$？／你脸上哪门哒？到处都是泥巴。

（31）油哪门的$_{\text{怎么了}}$？／油哪门哒/吗/啊？又涨价哒！

以上例句中，“哪门的”和“哪门”一般不能互换，但两者可以通过“哪门搞的”来进行置换，置换后“哒”不能出现在句末，（30）、（31）可以置换如下：也就是：

（30）你脸上哪门搞的？/你脸上哪门搞的吗？/你脸上哪门搞得啊！

(31)油哪门搞的？/油哪门搞的吗？/油哪门搞的啊！

3.“哪门的”不能带任何宾语。

(32)我没哪门怎么你嘛，你哪门为什么跟我过不去？

(32)＊我没哪门的你嘛，你哪门跟我过不去？

(二)“哪门个”

“哪门个”相当于普通话的“怎么样”，与“哪门”相比，用法更为细致。

1. 做谓语时，语义的差别更为明细，如：

(33)你的工作哪门个哒，落实啊不得？

(34)你婆子妈的病哪门个哒，好些哒不得？

这两个例句都是询问情况是否有所变化，(33)问话人已经知晓对方正在找工作，通过“哪门个”想了解工作落实的情况，(34)也是想得知病人的病情是否有所好转。两句中的“哪门个”不能换成“哪门”或“哪门的”，“你的工作哪门/哪门的哒”表示对方因故已丢了工作，却明知故问，不符交际合作与礼貌原则。

(35)我们到武汉玩，你哪门个？(你的安排是什么？)

(36)李明考了600分，你哪门个？(你考了多少分？)

这两句都是询问对方的意见或情况，前半句亮明说话人已有的信息，后半句通过“哪门个”欲获悉对方的情况，语气含蓄温柔，此时的“哪门个”不能换为“哪门”。

2. 做宾语时，用来询问听话人对某一情况的态度，前面的动词一般是“想”、“觉得”、“认为”等，更具平等的商讨口吻，不能用“哪门”来替换。如：

(37)你认为张师傅哪门个？

(38)这个西瓜你觉得哪门个？

3.“哪门个”可以做定语，修饰体词性词语，表示意料之外的结果或征求对方的意见、看法，如：

(39)这是哪门个什么样的态度，一点哈数规矩都不晓得。

(40)我们每家都出点钱，你是哪门个怎么样的想法。

4.“哪门个”还可以做补语，用在“得”之后，后边可以加上

“哒”，但表义不一样，如：

(41)饭吃得哪门个？/饭吃得哪门个哒？

(42)病整得哪门个？/病整得哪门个哒？

在句义上，以“哪门个”结尾，表示动作行为已经完成，需要对方对动作行为的情状进行说明，以“哪门个哒”结尾，表示动作为正在进行，需要对方对动作为的结果进行说明，各自的应答互不相同，针对(41)、(42)的回答如下：

(43)[1]饭吃得哪门个？蛮好！

饭吃得哪门个哒？差不多哒。/还有一哈哈儿$_{一会儿}$就吃完哒。

(44)[1]病整得哪门个？没整好。

病整洁得哪门个哒？还在整。/下个月出院。

(三)“哪门恁门”

“哪门恁门”是两个代词的连用，在句中只能充当状语，可以是有疑而问也可以是程度加深的感叹或指责，如：

(45)你哪门恁门和说？

(46)他们哪门恁门和弄饭？

这两个句子中的“哪门恁门”都表示动作行为出人意料，说话人感到惊奇又有所疑惑，于是将“哪门”、“恁门”连用表示疑问与意外的双重语气，在交际时一般都加上“和[xuo^{11}]”。

(47)你屋里的儿子哪门恁么乖啊！

(48)他的数学成绩哪门恁门火色$_{优秀}$喔！

(49)你哪门恁门不听说嘛？

(50)不晓得小王哪门恁门不负责？

(45)、(46)“哪门恁门”结合在一起，表示非常意外，后边加上褒义色彩的形容词，在疑惑之余更多的是羡慕、赞扬。(47)、(48)也是表示程度加深，后边加上消极意义的词语，除了责备、批评之外，更多的却是疑惑。

四、建始方言“哪门”的语用价值

1. 在建始方言口语交际中，“哪门”的使用较为普遍，其存在形式多样，使用时也比较自由，充分体现了其句法功能的灵活性。“哪门”在句法上比较独立，可以独用，可以附着，也可以重复(他又在说小王哪门哪门)，但都必须借助于一定的语境才能完成交际功能，加上不同的语气词，语义语气的区别也随之显现。

2. “哪门”的位置自由，可以在句首、句中、句末，这主要根据语境和对话双方的亲疏远近关系来决定，语言的具体表现形式也多种多样，但其语义不会发生本质的变化，如：

哪门你又迟到哒？　　　　这是哪门的吗？
你哪门又迟到哒？　　　　哪门的吗，这是？
你又哪门迟到哒？　　　　这哪门是的吗？

3. “哪门”的变式是对“哪门”的补充。“哪门和”、“哪门个”、“哪门恁门”的语用功能主要偏重于辅助表达柔软缓和的语气，营造谈话的合作氛围，所以在语气强烈的感叹、疑问句末，一般较少用“哒”、“吗”、“啊”等语气词。“哪门个”除了补充商讨、征求意见的语义外，更主要的是在做定语、补语的句法功能上进行补充。

4. 建始方言中的“哪门”与普通话中的“为什么”、“怎么”、“怎么样”存在相似点，但“哪门”的词汇意义、形态变化、情感转化、程度描写却比普通话的更为细致、具体和完备。存在差异的原因，首先在地域上，建始处于鄂西山区少数民族聚区地，建始方言在很大程度上受西南官话、本地少数民族语言以及周边地域环环境的影响，“哪门”的用法与北方的普通话必然有较大的差异。其次是语言继承的不平衡性。建始方言与普通话共有的一些代词都是古汉语中遗留传播开来的，但是古代汉语在各个地区的发展与继承情况是不一致的，如“恁”早期的意义是“那”，“早知恁般么，恨当初、不把雕鞍锁”(宋·柳永《定风波·自春来》)，稍后出现在早期的白话中，与“您”相同，“恁不去出力，息生教娘娘和番?”(元·马致远《汉宫秋》)，随着时间的推移又演变出“怎、怎么”的意义，“却恁地教什么人在间壁吱吱的哭搅俺弟兄们吃酒?”(明·施耐庵《水浒全传》)，但在建始方言中，依然只保留继承了“那”的义项。

五、结　语

对建始方言疑问代词“哪门”的考察和分析，不仅对于认识建始方言的词汇特点有很大的帮助，而且对弄清建始方言中表达疑问的手段也是至关重要的。“哪门”在语法形式、语法搭配、语义和语用上都有浓厚的地域色彩，表现了建始地方语言特色，展现出当地的文化魅力，是汉语言文化丰富多彩的一角。

参考文献

[1]李科凤．重庆方言疑问句与普通话的差异[J]．重庆工商大学学报(社会科学版)，2005(22)．
[2]陆俭明．关于现代汉语里的疑问语气词[J]．中国语文，1984(5)．
[3]陈孝玲．钟祥方言胡集土语词汇的重叠式[J]．广西民族学院学报(哲学社会科学版)，2004(12)．
[4]张良斌．恩施方言疑问句研究[D]．合肥：安徽大学，2010．
[5]张斌．现代汉语语法[M]．上海：商务印书馆，1979．
[6]赵元任等．湖北方言调查报告[M]．上海：商务印书馆，1938．

（原载《吕梁学院学报》2014年第5期）